SCÈNES

DE

LA VIE PRIVÉE.

DE L'IMPRIMERIE DE LACHEVARDIERE,
RUE DU COLOMBIER, n° 30.

SCÈNES
DE
LA VIE PRIVÉE,

PAR

M. DE BALZAC.

TOME TROISIÈME.

SECONDE ÉDITION.

PARIS,
LIBRAIRIE DE MAME-DELAUNAY,
RUE GUÉNÉGAUD, N° 25.
1832.

SCÈNE VII,

LE CONSEIL.

LE CONSEIL.

— La pièce est, je vous l'assure, Madame, souverainement morale.

— Je ne partage pas votre avis, monsieur; et je la trouve profondément immorale.

— Voilà des gens bien près de s'entendre!... dit un jeune homme.

— Ils ne connaissent pas la pièce!... lui répondit à voix basse une jeune femme.

— Vous avez été la voir?... demanda le jeune homme.

— Oui, reprit-elle.

— Et vous étiez au spectacle avec M. de la Plaine...

— Cela est vrai!...

— Sans votre mari, ni votre mère.

— Mon Dieu!... reprit-elle en riant d'un rire affecté, contraint même; l'incognito est bien difficile à garder dans Paris!

— Vous vouliez donc vous cacher?

— Non,... dit-elle; et si j'en avais eu l'intention, voyez un peu comme j'y aurais réussi! Mais, vous êtes donc mon espion?

— Non, madame, reprit le jeune homme, je suis votre ange gardien...

— N'est-ce pas la même chose? dit-elle, les anges gardiens sont les espions de l'âme.

— Oui, mais un espion doit être payé. Or, répondit-il, pourriez-vous me dire ce que gagnent les bons anges?

La jeune femme regarda d'un air inquiet son interlocuteur...

Pendant cet *a parte*, la discussion ayant continué, s'était échauffée.

— Monsieur !... disait la maîtresse de la maison au représentant de l'opinion contraire à la sienne, il y a deux manières d'instruire une nation. La première, et, selon moi, la plus morale, consiste à élever les âmes par de beaux exemples : c'était la méthode des anciens. Autrefois, les forfaits représentés sur la scène y apparaissaient au milieu de tous les prestiges de la poésie et de la musique; les leçons données par le théâtre participaient donc de la noblesse même du sujet, et de la pompe employée à le reproduire. Jamais alors la scène ne souilla la vie privée, jamais les poètes comiques ou tragiques d'aucun pays ancien ne levèrent le chaste rideau qui doit couvrir le foyer domestique. Il a fallu voir en France la ruine de l'art pour en voir la dégradation. Je vais condamner par un seul mot le système actuel; je puis mener ma fille voir *Phèdre*, et je ne dois pas la conduire à ce drame honteux, qui déshonore le théâtre où il se joue, ce drame où la femme dégradée insulte à tout notre sexe et au vôtre; car, ou vous faites la femme ce qu'elle est, ou elle vous fait ce que vous êtes :

dans les deux cas, notre avilissement est la condamnation du peuple qui l'accepte.—La seconde manière de former les mœurs, est de montrer le vice dans tout ce qu'il produit de plus horrible, de le faire arriver à ses dernières conséquences, et de laisser dire chacun à son voisin :—Voilà où mènent les passions déréglées!... Ce principe est devenu le moteur secret des livres et des drames, dont les auteurs modernes nous accablent. Il y a peut-être de la poésie dans ce système; il pourra faire éclore quelques belles œuvres; mais les âmes distinguées, les cœurs auxquels il reste quelque noblesse, même après la tourmente des passions et les orages du monde, le proscriront toujours : la morale au fer chaud est un triste remède, lorsque la morale décente et pure peut encore suffire à la société.

— Madame, répondit le défenseur de la poésie hydrocyanique, je vous le demande, s'est-il jamais rencontré de jeune fille qui, après avoir vu jouer *Phèdre*, ait emporté une idée bien exacte de la moralité contenue dans cette tragédie?...

La discussion continua fort vivement, et le jeune homme qui, en entendant parler haut, avait interrompu la conversation commencée avec sa voisine, la reprit aussitôt.

La jeune dame à laquelle il paraissait si vivement s'intéresser était une des femmes de Paris qui subissait alors le plus d'hommages et de flatteries. Mariée depuis quatre ans à un homme de finance, admirablement jolie, ayant une physionomie expressive, de charmantes manières, et du goût, elle était le but de toutes les séductions imaginables.

Les jeunes fils de famille, riches et oisifs; les gens de trente ans, si spirituels; les élégans quadragénaires, ces émérites de la galanterie, si habiles, si perfides, grâce à de vieilles habitudes; enfin tous ceux qui, dans le grand monde, jouaient le rôle d'amoureux par état, par distraction, par plaisir, vocation ou nécessité, semblaient avoir choisi madame d'Esther pour en faire ce que l'on nomme à Paris, *une femme à la mode.*

La supposant mal défendue par un banquier, ou pensant que peut-être l'âge et les manières de son mari devaient lui avoir donné quelque aversion secrète du mariage, ils cherchaient à l'entraîner dans ce tourbillon de fêtes, de voyages, d'amusemens faux ou vrais, au milieu duquel une femme, en se trouvant toujours en dehors d'elle-même, ne peut plus être *elle*. Au sein de cette atmosphère de bougies, de gaze, de fleurs, de parfums; dans ces courses rapides et sans but, où force lui est d'obéir aux exigences d'une perpétuelle coquetterie d'esprit et au besoin de lutter avec des rivales, à peine une femme peut-elle réfléchir; alors, tout est complice de ses étourderies, de ses fautes : hommes et choses. Puis, si, par prudence, elle reste vertueuse, ses prétendus amis la calomnient. Il faudrait qu'elle fût un ange pour résister à la fois au mal et au bien, à des passions vraies et à d'adroits calculs.

En ce moment, madame d'Esther avait distingué, parmi tous les hommes du monde qui se pressaient vainement autour d'elle, un jeune officier de mérite, nommé M. de la Plaine.

Ernest de la Plaine était bien fait, élégant sans fatuité, possédait le don de plaire par ses manières et par une certaine grâce native. Il avait une de ces figures graves auxquelles la nature a, dans un moment d'erreur, donné tous les caractères de la passion et toutes les séductions de la mélancolie; il était éminemment spirituel et très instruit. En le rencontrant, madame d'Esther préféra sa conversation à celle des gens dont elle était environnée, parce que les hommes instruits et spirituels n'abondaient pas autour d'elle ; Ernest lui plut, et elle laissa voir son goût pour lui, parce qu'elle n'avait aucune arrière pensée ; sa naïveté fut mal comprise, et les gens du monde dirent, dans leur langage si favorable à la médisance, que madame d'Esther avait *distingué* M. de la Plaine.

Ernest se voyant *distingué* par une femme à la mode, la rechercha, redoubla de soins pour elle, obéissant ainsi à sa double vocation d'homme et d'officier. Il s'efforça de plaire à M. le comte d'Esther. Aujourd'hui le titre de comte ou de baron semble être une conséquence nécessaire de la patente des banquiers. Or, le bon capitaliste, ayant rencontré peu de gens capables de l'écouter, reçut à merveille M. de la Plaine, dont il croyait être compris ; et de concert avec sa jolie femme, il conspira le bonheur de l'officier, qui, disait-il, était un très aimable jeune homme.

Ces rencontres, ces soins, ces visites, ces conversations à onze heures qui s'établirent entre madame d'Esther et le capitaine, étaient des choses extrêmement naturelles, en harmonie avec nos usages, et ne froissaient en rien ni les mœurs, ni les lois. M. d'Esther pouvait bien prier M. de la Plaine de mener madame la comtesse au spectacle et au bal, quand, en sa qualité de mari, il n'en avait pas le temps.—M. Ernest la lui ramenait fidèlement. — Mais, pour un observateur, madame d'Esther marchait très vertueusement, et à son insu peut-être, sur la glace d'un abîme, sur une glace dont elle seule n'entendait pas les craquemens...

Il existe dans la nature un effet de perspective assez vulgaire pour que chacun en ait été frappé. Ce phénomène a de grandes analogies dans la nature morale. Si vous voyez de loin le versant d'une allée sur une route, la pente vous semble horriblement rapide, et quand vous y êtes, vous vous demandez si ce chemin est bien réellement la côte ardue que vous aviez naguère aperçue. Ainsi, dans le monde moral, une situation dangereuse épouvante en perspective; mais lorsque nous sommes sur le terrain de la faute, il semble qu'elle n'existe plus; et, alors, nous sommes tous un peu comme M. de Brancas, l'original du *Distrait* peint par La Bruyère, qui, jeté dans un bourbier, s'y était si bien établi, qu'il demanda : — Que me voulez-vous ? aux gens empressés de l'en tirer.

En ce moment, madame d'Esther se trouvait dans le plus brillant des trois ou quatre salons de Paris où l'on s'intéresse encore à la littérature, aux arts, à la conversation française d'autrefois, où le jeu est un accessoire souvent dédaigné, où la poésie règne en souveraine, où les hommes les plus distingués de la noblesse française, si peu tyrannique et si calomniée, se rencontrent avec les hommes transitoires de la politique. La discussion y est polie, spirituelle surtout. Là, les naufragés de l'empire causent avec les débris de l'émigration ; les artistes y sont près des gens de cœur, leurs juges naturels, puissance contre puissance. Ce salon est un asile d'où les lieux communs sont bannis ; la critique y sourit ; le bon goût y interdit de parler du fléau régnant, ou de ce que tout le monde sait ; enfin, vous pouvez y apporter votre idiome et votre esprit : vous serez compris ; chaque parole y trouve un écho. Les sots ne viennent pas là ; ils s'y déplairaient ; ils y seraient comme des chats dans l'eau ; leur esprit tout fait n'aurait pas cours en ce salon, et ils le fuient, parce qu'ils n'aiment pas à écouter.

Le jeune homme que madame d'Esther nommait son espion appartenait à l'une de ces catégories sociales entièrement ruinées par les barricades de juillet. — C'était le *neveu d'un pair de France!*... — Or, presque toutes les industries tuées en juillet 1830 ont reçu peu ou prou de mesquines indemnités; mais celle des neveux de pairs de France a été complètement détruite, sans que la moindre souscription ait dédommagé les victimes. Être neveu d'un pair de France était jadis un état, une position; c'était au moins un titre qui éclipsait même le nom patronymique d'un jeune homme; et, à cette question faite sur lui : — Qui est-il?... tout le monde répondait :

— C'est le neveu d'un pair de France!...

Ce bienheureux népotisme valait une dot; il impliquait un brillant avenir; il supposait la pairie pour la seconde génération : le neveu d'un pair de France était l'espérance incarnée.

Or, ayant tout perdu, fortune positive et fortune problématique; de chiffre, étant devenu zéro, M. de Villaines s'était vu dans la cruelle nécessité d'être quelque chose par lui-même. Il tâchait donc de passer pour un *homme spécial;* et, depuis deux ans, s'occupait de beaux-arts.

Les beaux-arts semblent n'exiger aucune étude sérieuse chez les gens qui aspirent à les diriger. Il leur faudrait bien, à la vérité, avoir quelque haute pensée, comprendre leur siècle, et sentir vivement les grandes conceptions; mais qui n'a pas la prétention de se connaître aux arts?... Alors, la capacité de l'homme auquel les gouvernemens confient cette importante direction ne peut résulter que d'une croyance. Donc, le but des intrigans sans âme, et à qui trop souvent les destinées de l'art ont été remises, a toujours été d'accoutumer le public à croire en eux.

M. de Villaines, homme d'esprit et d'une grande finesse, envieux comme tous les ambitieux, prenait le devant, sur ses rivaux, en flattant les artistes; en publiant des ouvrages spéciaux; en comptant des colonnes renversées; en rétablissant le texte d'inscriptions inutiles; en demandant la conservation de quelques monumens que personne ne songeait à détruire; enfin, pour avoir le droit d'administrer les ruines de la France, il enrégimentait les débris de l'Asie, de Palmyre, de Thèbes aux cent portes, et faisait graver les tombeaux de l'Égypte ou de la Sicile.

Grâces à ce savoir-faire, il se faisait du savoir à bon marché, et devenait un espèce de préjugé. Il ignorait les premiers élémens de tous les arts, mais son nom retentissait dans les journaux; et, si dans un salon une question d'art s'était élevée, tout-à-coup, à son aspect, une dame disait :

— Mais voilà M. de Villaines qui va nous expliquer cela...

Et M. de Villaines expliquait tout, en donnant des avis parfaitement motivés; car c'était un improvisateur, et un homme de tribune, au coin de la cheminée. Quand il avait le bonheur d'être encore le neveu d'un pair de France, il jouissait d'une certaine réputation comme conteur. Sa conversation spirituelle, semée d'anecdotes, d'observations fines, le faisait rechercher; il était la providence des salons entre minuit et deux heures du matin.

Madame d'Esther n'entrait presque pour rien dans l'intérêt que M. de Villaines lui portait. M. de Villaines haïssait cordialement Ernest de la Plaine; et, pour venger de vieilles injures, il avait résolu d'éclairer la comtesse sur le danger dont elle était menacée. — La plupart des belles actions n'ont pas eu d'autre principe que l'égoïsme. Aussi, pour rester philantrope, il faut peu voir les hommes : l'indulgence ou le mépris du monde doivent être écrits au fond du cœur de ceux qui demeurent dans le monde ou qui le gouvernent.

En ce moment, la discussion était arrivée au terme où elles tendent toutes : à un *oui* devant un *non*, exprimés, de part et d'autre, avec une exquise politesse. Alors les gens de bon goût cherchent à changer le sujet de la conversation ; mais M. de Villaines, qui voulait tirer parti de cette dissertation, se leva, vint se placer à la cheminée ; et, regardant les principaux avocats des deux opinions contraires, qui s'étaient eux-mêmes réduits au silence, il leur dit :

— Je vais essayer de vous mettre d'accord !... Dans les arts, il faut faire le moins de traités possible. L'œuvre la plus légère sera toujours mille fois plus significative que la plus belle des théories...

— Supposez, dit-il en jetant à madame d'Esther un regard d'intelligence qu'il eut l'adresse de dérober à tout le monde, supposez que, dans ce salon, se rencontrât une jeune femme charmante, prête à s'abandonner à tous les plaisirs, à tous les dangers d'une première passion... L'homme auquel elle va sacrifier sa vie aura tous les dehors flatteurs et décevans qui font croire à une belle âme; mais moi, observateur, je connais cet homme : je sais qu'il est sans cœur, ou que son cœur est profondément vicieux, et qu'il entraînera cet ange dans un abîme sans fond. N'est-ce pas là le premier acte du drame dont vous blâmez la représentation?... Hé bien, croyez-vous que je puisse obtenir de cette femme une renonciation entière et complète à ses espérances en lui disant quelques phrases éloquentes et classiques, taillées en plein drap dans Fénelon ou dans Bossuet?...

A ces mots, madame d'Esther rougit.

— Non, elle ne m'écoutera seulement pas... Mais si je lui racontais une aventure effrayante arrivée récemment, qui peignît énergiquement les malheurs inévitables dont toutes les passions illégitimes sont tributaires, elle réfléchirait, et... peut-être...

— Réalisez la supposition en nous donnant d'abord votre conseil; je consens à être cette femme, et à prendre le danger sur mon compte... Voyons, prêchez-moi... dit en riant la maîtresse de la maison.

Tout le monde s'étant groupé autour de M. de Villaines, il commença en ces termes :

— J'ai toujours eu le désir de raconter une histoire simple et vraie, au récit de laquelle un jeune homme et sa maîtresse fussent saisis de terreur et se réfugiassent au cœur l'un de l'autre comme deux enfans qui se serrent en rencontrant un serpent sur le bord d'un bois.

Je ne sais pas s'il y a parmi vous beaucoup d'amans, dit-il en jetant un regard à demi-sardonique sur tout le monde, mais je suis bien certain de ne jamais dire mon aventure à des personnes plus dignes de l'entendre.

Au risque de diminuer l'intérêt de ma narration ou de passer pour un fat, je commence donc par vous annoncer le but de mon récit ; et, comme j'ai joué un rôle dans ce drame presque vulgaire, s'il ne vous intéresse pas, la faute en sera certes à la vérité historique et à moi, car il y a des choses véritables souverainement ennuyeuses : selon moi, c'est la moitié du talent que de choisir ce qui est poétique dans le vrai.

En 181., j'allais de Paris à Moulins ; et l'état

de ma bourse m'obligeait à voyager sur l'impériale de la diligence. Les Anglais regardent, vous le savez, les places situées dans cette partie aérienne de la voiture comme les meilleures; aussi, durant les premières lieues de la route, je trouvai mille raisons excellentes pour justifier l'opinion de nos voisins.

Un jeune homme, qui me parut être un peu plus riche que je ne l'étais, se trouvait, par goût, près de moi, sur la banquette. Il accueillit mes argumens par des sourires inoffensifs. Bientôt, une certaine conformité d'âge, de pensées, notre amour mutuel pour le grand air, pour les riches aspects des pays que nous découvrions à mesure que la lourde voiture avançait; puis, je ne sais quelle attraction magnétique impossible à expliquer, firent naître entre nous cette espèce d'intimité momentanée à laquelle les voyageurs s'abandonnent avec d'autant plus de complaisance, que ce sentiment éphémère paraît devoir cesser promptement et n'engager à rien pour l'avenir.

Nous n'avions pas fait trente lieues, que nous parlions des femmes et de l'amour. Avec toutes les précautions oratoires voulues en semblable occurrence, il fut bientôt question de nos maîtresses. Jeunes tous deux, nous n'en étions encore, l'un et l'autre, qu'à *la femme d'un certain âge*, c'est-à-dire à la femme qui se trouve entre trente-cinq et quarante ans.

Oh! un poète qui nous eût écoutés de Montargis à je ne sais plus quel relais, aurait recueilli des expressions bien enflammées, des portraits ravissans et de bien douces confidences!... Nos regards encore rougissans, nos craintes pudiques, nos interjections silencieuses, étaient empreints d'une éloquence dont je n'ai plus jamais retrouvé le charme naïf. Sans doute, il faut rester jeune pour comprendre la jeunesse. Alors, nous nous comprîmes à merveille sur tous les points essentiels de la passion.

Et d'abord, nous avions commencé à poser en fait et en principe qu'il n'y avait rien de plus sot au monde qu'un acte de naissance; que bien des femmes de quarante ans étaient plus jeunes que certaines femmes à vingt, et qu'elles n'avaient réellement que l'âge qu'elles paraissaient avoir; puis, ne mettant pas de terme à notre amour, nous nagions dans un océan sans bornes.

Enfin, après avoir fait nos maîtresses jeunes, charmantes, dévouées, comtesses, pleines de goût, spirituelles, fines; après leur avoir donné de jolis pieds, une peau satinée et même doucement parfumée, nous nous avouâmes, lui, que *madame une telle* avait trente-huit ans; et moi, de mon côté, que j'adorais une quadragénaire.

Là-dessus, délivrés l'un et l'autre d'une espèce de crainte vague, nous reprîmes de plus belle, en nous trouvant confrères en amour; et, ce fut à qui, de nous deux, accuserait le plus de sentiment. L'un avait fait une fois deux cents lieues pour voir sa maîtresse pendant une heure; l'autre avait risqué de passer pour un loup et d'être fusillé dans un parc, afin de se trouver à un rendez-vous nocturne... S'il y a du plaisir à se rappeler des dangers passés, il y a aussi bien des délices à se souvenir des plaisirs évanouis : c'est jouir deux fois. La comtesse de mon ami avait fumé un cigare pour lui plaire; la mienne ne passait pas un jour sans m'écrire ou me voir. La sienne était venue demeurer chez lui pendant trois jours au risque de se perdre; la mienne avait fait encore mieux, ou pis si vous voulez.

Du reste, nos maris adoraient nos comtesses; ils vivaient esclaves du charme puissant que possèdent toutes les femmes aimantes; et, plus niais que l'ordonnance ne le porte, ils ne nous faisaient tout juste de péril que ce qu'il en fallait pour augmenter nos plaisirs. Oh! comme le vent emportait vite nos paroles et nos douces risées!...

— Je vous demande grâce, Madame, dit M. de Villaines à la maîtresse du logis, pour ces détails; plus tard, vous...

— Allez, dit-elle, votre remarque est plus dangereuse que vos confidences. N'interrompez plus votre récit.

— En arrivant à Pouilly, reprit-il, j'examinai sérieusement la personne de mon nouvel ami; et, certes, je crus facilement qu'il devait être très sérieusement aimé.

Figurez-vous un jeune homme de taille moyenne, mais très bien proportionnée, ayant une figure heureuse et pleine d'expression. Ses cheveux étaient noirs et ses yeux bleus ; sa bouche avait je ne sais quoi de ravissant ; ses dents étaient blanches et bien rangées ; une pâleur gracieuse décorait encore ses traits fins ; et un léger cercle de bistre cernait ses yeux, comme s'il eût été convalescent. Ajoutez à cela qu'il paraissait très instruit, qu'il était fort spirituel, qu'il avait des mains blanches, bien modelées, soignées comme doivent l'être celles d'une jolie femme ; et vous n'aurez pas de peine à m'accorder que mon compagnon pouvait faire honneur à une comtesse. Enfin, plus d'une jeune fille l'eût envié pour mari, car il était vicomte et possédait environ douze à quinze mille livres de rentes, *sans compter les espérances*.

A une lieue de Pouilly, la diligence versa. Mon malheureux camarade trouva plus sûr de s'élancer sur les bords d'un champ fraîchement labouré, au lieu de se cramponner comme je le fis à la banquette et de suivre le mouvement de la diligence. Il prit mal son élan ou glissa, car je ne sais comment l'accident eut lieu, mais il fut écrasé par la voiture, sous laquelle il tomba. Nous le transportâmes dans une maison de paysan.

A travers les gémissemens que lui arrachaient d'atroces douleurs, il put me léguer un de ces soins auxquels les derniers vœux d'un mourant donnent un caractère sacré. Au milieu de son agonie, le pauvre enfant se tourmentait, avec toute la candeur dont on est souvent victime à son âge, de la peine que ressentirait sa maîtresse, si elle apprenait brusquement sa mort par un journal ; alors il me pria d'aller moi-même la lui annoncer. Puis il me fit chercher une clef suspendue à un ruban qu'il portait en sautoir sur la poitrine. Je la trouvai à moitié enfoncée dans les chairs ; il ne proféra pas la moindre plainte lorsque je la retirai, le plus délicatement qu'il me fut possible, de la plaie qu'elle y avait faite. Au moment où il achevait de me donner toutes les instructions nécessaires pour prendre chez lui, à la *Charité-sur-Loire*, les lettres d'amour que sa maîtresse lui avait écrites, qu'il me conjura de lui rendre, et il perdit la parole au milieu d'une phrase ; mais son dernier geste me fit comprendre que la fatale clef serait un gage de ma mission auprès de sa mère.

Affligé de ne pouvoir formuler un seul mot de remerciement, car il ne doutait pas de mon zèle, il me regarda d'un œil suppliant pendant un instant; me dit adieu, en me saluant par un mouvement de cils; puis, il pencha la tête, et mourut. Sa mort fut le seul accident funeste que causa la chute de la voiture : — Encore y eut-il un peu de sa faute!... me disait le conducteur.

A la Charité, j'accomplis le testament verbal de ce pauvre voyageur. Sa mère était absente; ce fut une sorte de bonheur pour moi. Néanmoins, j'eus à essuyer la douleur d'une vieille servante, qui chancela lorsque je lui racontai la mort de son jeune maître. Elle tomba demi-morte sur une chaise, en voyant cette clef encore empreinte de sang; mais comme j'étais tout préoccupé d'une plus haute souffrance, celle d'une femme à laquelle le sort arrachait son dernier amour, je laissai la vieille femme de charge poursuivre le cours de ses prosopopées, et j'emportai la précieuse correspondance soigneusement cachetée par mon ami d'un jour.

Le château où demeurait sa maîtresse se

trouvait à huit lieues de Moulins, et encore fallait-il, pour y arriver, faire quelques lieues dans les terres. Alors, il m'était assez difficile de m'acquitter de mon message ; car, par un concours de circonstances inutiles à expliquer, je n'avais que l'argent nécessaire pour atteindre Moulins. Cependant, avec l'enthousiasme de la jeunesse, je résolus de faire la route à pied, et d'aller assez vite pour devancer la Renommée des mauvaises nouvelles qui marche si rapidement.

Je m'informai du plus court chemin, et j'allai par les sentiers du Bourbonnais, portant, pour ainsi dire, un mort sur mes épaules. A mesure que j'avançais vers le château de Montpersan, j'étais de plus en plus effrayé du singulier pèlerinage que j'avais entrepris. Mon imagination inventait mille fantaisies romanesques. Je me représentais toutes les situations dans lesquelles je pouvais rencontrer madame la comtesse de V***, ou, pour obéir à la poétique des romans, la *Juliette* tant aimée du jeune voyageur. Je forgeais des réponses spirituelles à des questions que je supposais devoir m'être faites. C'était à chaque détour de bois, dans chaque chemin creux une répétition de la scène entre Sosie et la lanterne à laquelle il rend compte de la bataille. A la honte de mon cœur, je ne pensai d'abord qu'à mon maintien, à mon esprit, à faire preuve d'habileté; mais lorsque je fus dans le pays, une réflexion sinistre me traversa l'âme comme un coup de foudre qui sillonne et déchire un voile de nuées grises. Quelle terrible nouvelle pour une femme en ce moment toute occupée de son jeune ami, qui avait peut-être eu mille peines à l'amener légalement chez elle, et qui, sans doute, espérait d'heure en heure, des joies sans nom !

Enfin, il y avait encore une charité cruelle à être le messager de la mort ; aussi, je hâtais le pas, m'embourbant, me crottant. J'atteignis bientôt une grande avenue de châtaigniers, au bout de laquelle les masses du château de Montpersan se dessinaient dans le ciel comme des nuages bruns à contours capricieux.

En arrivant à la porte du château, je la trouvai toute grande ouverte. Cette circonstance imprévue détruisait mes plans et mes suppositions; cependant j'entrai hardiment, et j'eus aussitôt à mes côtés deux chiens qui aboyèrent en chiens de campagne. A ce bruit, une grosse servante accourut, et quand je lui eus dit que je voulais parler à madame la comtesse, elle me montra par un geste de main les massifs d'un parc à l'anglaise qui serpentait autour du château, et me répondit :

— Madame est par là...

— Merci ! dis-je d'un air ironique.

Une jolie petite fille, à cheveux bouclés, à ceinture rose, à robe blanche, à pèlerine plissée, étant arrivée sur ces entrefaites, entendit ou saisit la demande et la réponse. A mon aspect, elle disparut en criant d'un petit accent fin :

— Ma mère, voilà un monsieur qui veut vous parler.

Et moi de suivre, à travers les détours des allées, les sauts et les bonds de la pèlerine blanche, qui, semblable à un feu follet, me montrait le chemin que prenait la petite fille.

Il faut tout dire. Au dernier buisson de l'avenue, j'avais rehaussé mon col, brossé mon mauvais chapeau et mon pantalon avec les paremens de mon habit, mon habit avec ses manches, et les manches l'une par l'autre; puis je l'avais boutonné soigneusement pour montrer le drap des revers toujours un peu plus neuf que le reste; enfin, j'avais fait descendre mon pantalon sur mes bottes, artistement frottées dans l'herbe. Grâce à cette toilette de Gascon, j'espérais ne pas être pris pour l'ambulant de la sous-préfecture; mais quand aujourd'hui je me reporte par la pensée à cette heure de ma jeunesse, je ris parfois de la manière dont j'étais harnaché.

Tout-à-coup, au moment où je composais mon maintien, au détour d'une verte sinuosité, au milieu de mille fleurs éclairées par un chaud rayon du soleil du mois de juin, j'aperçus Juliette et son mari. La jolie petite fille tenait sa mère par la main, et il était facile de s'apercevoir que la comtesse avait hâté le pas, en entendant la phrase ambiguë de son enfant.

Étonnée à l'aspect d'un inconnu qui la saluait d'un air assez gauche, elle s'arrêta, me fit une mine froidement polie et une adorable moue, qui révélait toutes ses espérances trompées. Je cherchai, mais vainement, quelques unes de mes belles phrases si laborieusement préparées. Alors, pendant ce moment d'hésitation mutuelle, le mari put arriver en scène. Des myriades de pensées passèrent dans ma cervelle, et, par contenance, je prononçai quelques mots assez insignifians, demandant si les personnes présentes étaient bien réellement M. le comte et madame la comtesse de... Ces niaiseries me permirent de juger d'un seul coup-d'œil, et d'analyser, avec une perspicacité rare pour l'âge que j'avais, les deux époux dont j'allais troubler la solitude.

Le mari semblait être le type des gentilshommes qui sont actuellement le plus bel ornement des provinces. Il portait de grands souliers, à grosses semelles ; je les place en première ligne, parce qu'ils me frappèrent plus vivement encore que son habit noir fané, son pantalon usé, sa cravate lâche et son col de chemise recroquevillé. Il y avait dans cet homme un peu du magistrat, beaucoup plus du conseiller de préfecture, toute l'importance d'un maire de canton auquel rien ne résiste, et l'aigreur d'un candidat éligible périodiquement refusé depuis 1816; incroyable mélange de bon sens campagnard et de sottises; point de manières, la morgue de la richesse; beaucoup de soumission pour sa femme, mais se croyant le maître et prêt à se regimber dans les petites choses, sans avoir nul souci des affaires importantes; du reste, une figure flétrie, très ridée, hâlée; quelques cheveux gris, longs et plats : voilà l'homme.

Mais la comtesse!.... ah! quelle vive et brusque opposition ne faisait-elle pas auprès de son mari! C'était une petite femme à taille plate et gracieuse, ayant une tournure ravissante; toute mignonne, délicate. Vous eussiez eu peur de lui briser les os en la touchant. Elle portait une robe de mousseline blanche; elle avait sur la tête un joli bonnet à rubans roses, une ceinture rose, une guimpe remplie si délicieusement par ses épaules et par les plus beaux contours, qu'en les voyant, il naissait au fond du cœur une irrésistible envie de les baiser. Ses yeux étaient vifs, noirs, expressifs, ses mouvemens doux, son pied charmant. Un vieil homme à bonnes fortunes ne lui eût pas donné plus de trente années, tant il y avait de jeunesse dans son front et dans les détails les plus fragiles de sa tête. Quant au caractère, elle me parut tenir tout à la fois de la comtesse de Lignolles et de la marquise de B..., deux types de femme toujours frais dans la mémoire d'un jeune homme, quand il a lu le roman de Louvet.

Je pénétrai tout-à-coup dans tous les secrets de ce ménage, et pris une résolution diplomatique, digne d'un vieil ambassadeur. Ce fut peut-être la seule fois de ma vie que j'eus du tact et que je compris en quoi consistait l'adresse des courtisans ou des gens du monde. Depuis ces jours d'insouciance, j'ai eu trop à combattre pour distiller les moindres actes de la vie et ne rien faire qu'en accomplissant les cadences de l'étiquette et du bon ton, qui sèchent les émotions les plus généreuses.

— Monsieur le comte, je voudrais vous parler en particulier, dis-je au mari d'un air mystérieux et en faisant quelques pas en arrière.

Il me suivit.

Juliette nous laissa seuls avec la négligence d'une femme certaine d'apprendre les secrets de son mari au moment où elle voudra les savoir.

Alors, je racontai brièvement au comte la mort de mon compagnon de voyage. L'effet que cette nouvelle produisit sur lui me prouva qu'il portait une affection assez vive à son jeune collaborateur, et cette découverte me donna la hardiesse de répondre ainsi dans le dialogue qui s'ensuivit entre nous deux.

— Ma femme va être au désespoir, s'écriat-il, et je serai obligé de prendre bien des précautions pour l'instruire de ce malheureux évènement.

— Monsieur, en m'adressant d'abord à vous, lui dis je, j'ai rempli un devoir. Je ne voulais pas m'acquitter de la mission dont un inconnu m'a chargé près de madame la comtesse, sans vous en prévenir ; mais il m'a confié une espèce de fidéi-commis honorable, un secret, dont je n'ai pas le pouvoir de disposer. D'après la haute idée qu'il m'a donné de votre caractère, j'ai pensé que vous ne vous opposeriez pas à ce que j'accomplisse ses derniers vœux. Madame la comtesse sera libre de rompre le silence qui m'est imposé.

En entendant son éloge, le gentilhomme balança très agréablement la tête. Il me répondit par un compliment assez entortillé, et finit en me laissant le champ libre. Nous revînmes sur nos pas.

En ce moment, la cloche annonça le dîner; je fus invité à le partager. Comme nous étions graves et silencieux, Juliette nous examina furtivement.

Étrangement surprise en voyant son mari prendre un prétexte frivole pour nous procurer un tête-à-tête, elle s'arrêta en me lançant un de ces coups-d'œil qu'il n'est donné qu'aux femmes de jeter. Il y avait dans son regard toute la curiosité permise à une maîtresse de maison qui voit un étranger tombé chez elle, comme des nues; il y avait toutes les interrogations que méritaient ma mise, ma jeunesse et ma physionomie, contrastes singuliers! puis, tout le dédain d'une maîtresse idolâtrée, aux yeux de qui les hommes ne sont rien, hormis un seul; il y avait des craintes involontaires, de la peur, et l'ennui d'avoir un hôte inattendu, quand elle venait, sans doute, de ménager à son amour tous les bonheurs de la solitude.

Je compris cette éloquence muette, et j'y répondis par un triste sourire, sourire plein de pitié, de compassion. Alors, je la contemplai pendant un instant dans tout l'éclat de sa beauté, par un jour serein, au milieu d'une étroite allée bordée de fleurs; et, à cet admirable tableau, je ne pus retenir un soupir.

— Hélas! madame, je viens de faire un bien pénible voyage, entrepris... pour vous seule...

— Monsieur!... me dit-elle.

— Oh! repris-je, je viens au nom de celui qui vous nomme Juliette...

Elle pâlit.

— Vous ne le verrez pas aujourd'hui...

— Il est malade?... dit-elle à voix basse.

— Oui, lui répondis-je; mais, de grâce, modérez-vous. Je suis chargé par lui de vous confier quelques secrets qui vous concernent, et croyez que jamais messager ne sera ni plus discret ni plus dévoué.

— Qu'y a-t-il?...

— S'il ne vous aimait plus?...

— Oh! cela est impossible!... s'écria-t-elle en laissant échapper un léger sourire qui n'était rien moins que franc.

Tout-à-coup elle ressentit une sorte de frisson, me jeta un regard fauve et prompt, rougit et dit:

— Il est vivant!...

Grand Dieu! quel mot terrible! J'étais trop jeune pour en soutenir l'accent, je ne répondis pas, et regardai cette malheureuse femme d'un air hébété.

— Monsieur!... monsieur!... s'écria-t-elle, une réponse!...

— Oui, madame...

— Cela est-il vrai?... oh! dites-moi la vérité, je puis l'entendre! Dites!... toute douleur sera moindre que mon incertitude!

Je répondis par deux larmes que m'arrachèrent les étranges accens dont ces phrases furent accompagnées.

Elle s'appuya sur un arbre en jetant un faible cri.

— Madame, lui dis-je, voici votre mari!...

— Est-ce que j'ai un mari?

A ce mot, elle s'enfuit et disparut.

— Hé bien! le dîner refroidit!... s'écria le comte. — Venez, monsieur...

Là-dessus, je suivis le maître de la maison qui me conduisit dans une salle à manger où je vis un repas servi avec tout le luxe auquel les tables parisiennes nous ont accoutumés. — Il y avait cinq couverts : — ceux des deux époux, et celui de la petite fille; *le mien*, qui devait être *le sien*; le dernier était celui d'un chanoine de Saint-Denis, lequel, les grâces dites, demanda:

— Où est donc ma nièce?

— Oh! elle va venir!... répondit le comte, qui, après nous avoir servi avec empressement le potage, s'en donna une très ample assiettée et l'expédia merveilleusement vite.

— Oh! mon neveu! s'écria le chanoine, si votre femme était là, vous seriez plus raisonnable.

— Papa se fera mal!... dit la petite fille d'un air malin.

Un instant après ce singulier épisode gastronomique, et au moment où le comte découpait avec empressement je ne sais quelle pièce de venaison, une femme de chambre entra et dit:

— Monsieur, nous ne trouvons point madame!...

A ce mot, je me levai par un mouvement brusque, en redoutant quelque malheur, et ma physionomie exprima si vivement mes craintes, que le vieux chanoine me suivit au jardin; le mari vint par décence jusque sur le seuil de la porte, et nous cria :

— Restez! restez! n'ayez aucune inquiétude!

Mais il ne nous accompagna point.

Le chanoine, la femme de chambre et moi parcourûmes les sentiers et les boulingrins du parc, appelant, écoutant, et d'autant plus inquiets, que j'annonçai la mort du jeune vicomte. En courant, je racontai les circonstances de ce fatal évènement, et m'aperçus que la femme de chambre était extrêmement attachée à sa maîtresse, car elle entra bien mieux que le chanoine dans les secrets de ma terreur.

Nous allâmes aux pièces d'eau, nous visitâmes tout sans trouver ni la comtesse, ni le moindre vestige de son passage. Enfin, en revenant le long d'un mur, j'entendis des gémissemens sourds et profondément étouffés, qui semblaient sortir d'une espèce de grange. A tout hasard j'y entrai. Nous y découvrîmes Juliette, qui, par un accès de folie sans doute, s'y était ensevelie au milieu du foin. Elle avait là caché sa tête, afin d'assourdir ses horribles cris, obéissant à une sorte d'instinct pudique : c'étaient des sanglots, des pleurs d'enfant, mais plus pénétrans, plus plaintifs; il n'y avait plus rien dans le monde pour elle. La femme de chambre dégagea sa maîtresse, qui se laissa faire avec la flasque insouciance de l'animal mourant.

Cette fille ne savait rien dire autre chose que :

— Allons, madame!... allons...

Le vieux chanoine demandait :

— Mais qu'a-t-elle?..... Qu'avez-vous, ma nièce?...

Enfin, aidé par la femme de chambre, je

transportai Juliette dans sa chambre; je recommandai soigneusement de dire à tout le monde que la comtesse avait la migraine, et de veiller sur elle ; puis, nous redescendîmes, le chanoine et moi, dans la salle à manger.

Il y avait déjà quelque temps que nous avions quitté le comte. Je ne pensai guère à lui qu'au momen où je me trouvai sous le péristyle. Son indifférence me surprit; mais mon étonnement augmenta bien quand je le trouvai philosophiquement assis à table.

Il avait mangé tout le dîner, au grand plaisir de sa fille qui souriait de voir son père en flagrante désobéissance aux ordres de la comtesse.

La singulière insouciance de ce mari me fut expliquée par la légère altercation qui s'éleva soudain entre le chanoine et lui. Le comte était soumis à une diète sévère que les médecins lui avaient imposée pour le guérir d'une maladie grave dont j'ai oublié le nom ; et, poussé par cette gloutonnerie féroce, assez familière aux convalescens, l'appétit de la bête l'avait emporté sur toutes les sensibilités de l'âme.

En un moment, j'avais vu la nature dans toute sa vérité, sous deux aspects bien différens, qui mettaient le comique au sein même de la plus horrible douleur.

La soirée fut triste. J'étais fatigué. Le chanoine employait toute son intelligence à deviner la cause des pleurs de sa nièce. Le mari digérait silencieusement, après s'être contenté d'une assez vague explication que la comtesse lui fit donner de son malaise par sa femme de chambre, et qui fut, je crois, empruntée aux malheurs naturels à la femme. Alors, nous nous couchâmes de bonne heure.

En passant devant la chambre de la comtesse pour aller au gîte où me conduisit un valet, je demandai de ses nouvelles assez timidement. En reconnaissant ma parole, elle me fit entrer, voulut me parler, mais la voix lui manqua; elle inclina la tête, et je me retirai.

Malgré les émotions cruelles que je venais

de partager avec la bonne foi d'un jeune homme, je dormis accablé par la fatigue de ma marche forcée.

A une heure avancée de la nuit, je fus réveillé par les aigres bruissemens que produisirent les anneaux de mes rideaux violemment tirés sur leurs tringles de fer. Je vis la comtesse assise sur le pied de mon lit, et recevant toute la lumière d'une lampe posée sur ma table.

— Est-ce bien vrai, monsieur ?.... me dit-elle. Je ne sais comment je puis vivre après la secousse que j'ai reçue, mais en ce moment j'éprouve du calme.... je veux tout apprendre!...

— Quel calme! me dis-je en apercevant l'horrible pâleur de son teint qui contrastait avec la couleur brune de sa chevelure, en entendant les sons gutturaux de sa voix, en restant stupéfait des ravages dont témoignaient ses traits. Elle était étiolée déjà comme une feuille dépouillée de la teinte jaune imprimée par l'automne aux feuilles qui tombent. Ses yeux rouges et gonflés avaient perdu toute leur beauté ; ils ne réfléchissaient qu'une amère et profonde douleur : vous eussiez dit un nuage gris, là où, naguère, pétillait le soleil.

Je lui redis simplement, sans trop appuyer sur certaines circonstances trop douloureuses pour elle, l'évènement rapide qui l'avait privée de son ami ; je lui racontai la première journée de notre voyage, si remplie par les souvenirs de leur amour.

Elle ne pleura point, elle écoutait avec avidité, la tête penchée vers moi, comme un médecin zélé qui épie un mal...

Saisissant un moment où elle me parut avoir entièrement ouvert son cœur aux souffrances et vouloir se plonger dans son malheur avec toute l'ardeur que donne la première fièvre du désespoir, je lui parlai des craintes qui agitèrent le pauvre mourant, et lui dis comment et pourquoi il m'avait chargé de ce fatal message.

Alors ses yeux se séchèrent sous le feu sombre qui vint des plus profondes régions de l'âme. — Elle put pâlir encore, et lorsque je lui tendis les lettres que je gardais sous mon oreiller, elle les prit machinalement; puis elle tressaillit violemment, et me dit d'une voix creuse :

— Et moi qui brûlais les siennes!... Je n'ai rien de lui!... rien! rien!...

Elle se frappa fortement au front.

— Madame!... lui dis-je.

Elle me regarda par un mouvement convulsif.

— J'ai coupé sur *sa* tête, continuai-je, une mèche de cheveux que voici!...

Et je lui présentai ce dernier, cet incorruptible lambeau de celui qu'elle aimait.

Ah! si vous aviez reçu, comme moi, les larmes brûlantes qui tombèrent alors sur mes mains, vous sauriez ce que c'est que la reconnaissance, quand elle est si voisine du bienfait!....

Elle me serra les mains, et d'une voix étouffée, avec un regard brillant de fièvre, un regard où son frêle bonheur rayonnait à travers d'horribles souffrances :

— Ah!... vous aimez! dit-elle. Soyez toujours heureux! ne perdez pas celle qui vous est chère !...

Elle n'acheva pas, elle s'enfuit avec son trésor.

Le lendemain, cette scène nocturne, confondue dans mes rêves, me parut être une fiction; et il fallut, pour me convaincre de la douloureuse vérité, que je cherchasse infructueusement les lettres sous mon chevet.

Il serait inutile de vous raconter les évènemens du lendemain. Je restai plusieurs heures encore avec la Juliette qui m'avait été tant vantée par mon pauvre compagnon de voyage ; et ses moindres paroles, tout me convainquit de la noblesse d'âme, de la délicatesse de sentiment qui en faisaient une de ces chères créatures d'amour et de dévouement semées si rares sur cette terre.

Le soir, M. de *** me conduisit lui-même jusqu'à Moulins. En y arrivant, il me dit avec une sorte d'embarras :

— Monsieur, si ce n'est pas abuser de votre complaisance, et agir bien indiscrètement avec un inconnu auquel nous avons déjà des obligations, voudriez-vous avoir la bonté de remettre, à Paris, puisque vous y allez, chez monsieur de — (j'ai oublié le nom), rue du Sentier, une somme que je lui dois, et qu'il m'a prié de lui faire promptement passer ?

— Volontiers, dis-je.

Et dans l'innocence de mon âme, je pris un rouleau de vingt-cinq louis, dont je me servis pour revenir à Paris, et que je rendis fidèlement au prétendu correspondant de M. de.....

Ce fut à Paris seulement, et en portant cette

somme dans la maison indiquée, que je compris l'ingénieuse adresse avec laquelle Juliette m'avait obligé. — La manière dont cet or me fut prêté, la discrétion gardée sur une pauvreté facile à deviner, révèlent tout le génie d'une femme aimante.

— Quelles délices, dit à voix basse M. de Villaines à une vieille dame, d'avoir pu raconter cette aventure à une femme qui, peureuse, vous a serré, vous a dit : — Oh! cher! ne meurs pas, toi!

— Et vous avez cru voir dans cette aventure, dit la maîtresse du logis, une leçon pour les jeunes femmes!... Rien ne ressemble moins à un conte moral... Qu'en pensez-vous?... ajouta-t-elle en quêtant autour d'elle des approbations à son opinion.

— Il faut conclure de cette histoire, dit un jeune fat, que nous ne devons pas voyager sur les impériales!...

— C'est un malheur, mais ce n'est pas une leçon!... reprit une jeune dame. Vous nous avez représenté la comtesse si heureuse, et son mari si bien dressé, que la morale de votre exemple est en conscience peu édifiante! dit-elle en s'adressant au narrateur.

— Quoi, mesdames, répondit M. de Villaines, n'est-ce donc rien que de vous montrer quelle instabilité frappe les liaisons criminelles; de vous faire voir le hasard, les hommes, les choses, tout aux ordres de cette justice secrète dont la marche est indépendante de celle des sociétés?... Il n'y a pas de quoi faire frémir une femme au moment où elle va se livrer au malheur...?

A ces mots, madame d'Esther leva la tête vers M. de Villaines; elle était profondément émue.

— Prenez garde, reprit-il en s'adressant aux dames, si vous ne trouvez pas cette histoire assez tragique, vous donnez gain de cause à ceux qui plaident pour cette pièce dont vous condamniez le sujet; mais, à des femmes moins jeunes, moins naïves que celle à laquelle j'étais censé m'adresser, je pourrais dire une tragédie domestique plus effrayante...

— Supposez-nous moins naïves, alors... dit une dame.

Madame d'Esther était muette et pensive.

— Je ne me fais jamais prier.... dit M. de Villaines.

Il s'assit sur une causeuse, le silence se rétablit, et chacun écouta de nouveau.

— A une centaine de pas environ de la petite ville de Vendôme, dit-il, se trouve, sur les bords du Loir, une vieille maison brune, surmontée de toits très élevés, toute seule, sans une tannerie puante, sans une méchante auberge pour voisines.

Devant ce logis, est un jardin donnant sur la rivière; mais les buis, autrefois ras, qui en dessinaient les allées, croissent à leur fantaisie; la haie de clôture pousse en liberté; les jeunes saules nés dans le Loir se sont rapidement élevés; les herbes, que nous appelons mauvaises décorent de leur belle végétation le talus de la rive; les arbres fruitiers en bordure n'ont pas été taillés depuis dix ans, et ne produisent plus de récolte. Les espaliers ressemblent à des charmilles; les sentiers, sablés jadis, sont remplis de pourpier; à vrai dire, il n'y a pas trace de sentier...

Cependant, il est facile de reconnaître, du haut de la montagne où pendent les ruines du vieux château des ducs de Vendôme, seul endroit d'où la vue puisse plonger sur cet enclos, il est facile, dis-je, de reconnaître que, dans un temps assez éloigné, il fit les délices de quelque vieux gentilhomme, occupé de roses, de dahlias, d'horticulture en un mot, et gourmand de bons fruits peut-être. En effet, vous voyez une tonnelle, ou plutôt les débris d'une tonnelle sous laquelle est encore une table que le temps n'a pas entièrement dévorée...

A l'aspect de ce jardin qui n'est plus, toutes les délices de la vie paisible dont on jouit en province se devinent, comme vous devinez l'existence d'un bon négociant en lisant l'épitaphe de sa tombe; puis, pour compléter les idées tristes et douces dont l'âme est saisie, il y a sur l'un des murs un cadran solaire, orné de cette inscription bourgeoise :

Fugit hora brevis.

Du reste, les toits sont horriblement dégradés, les persiennes toujours closes; les hirondelles ont fait des milliers de nids à tous les balcons; les portes ne s'ouvrent jamais; de hautes herbes ont poussé par les fentes des perrons; les ferrures sont rouillées; la lune, le soleil, l'hiver, l'été, la neige, ont creusé les bois, gauchi les planches, rongé les peintures. Le silence de cette morne maison ne doit être troublé que par les oiseaux, les chats, les fouines, les rats et les souris, qui vont et viennent en liberté.

Une invisible main a écrit partout le mot : — *Mystère!...*

Si, poussé par la curiosité, vous alliez voir cette maison du côté de la rue, vous apercevriez une grande porte, de forme ronde par le haut, et à laquelle les enfans du pays ont fait des trous nombreux. J'ai appris, plus tard, que cette porte est fermée depuis dix ans.

Par ces brèches irrégulières, vous pourriez observer la parfaite harmonie qui existe entre la façade du jardin et la façade de la cour.

Des bouquets d'herbes dessinent exactement les pavés; d'énormes lézardes sillonnent les murs; des pariétaires ornent de leurs festons les crêtes noircies..... Les marches du perron sont disloquées; la corde de la cloche est pourrie; les gouttières sont brisées : tout est vide, désert, silencieux. Cette maison est une immense énigme dont personne ne connaît le mot. Elle porte le nom de *la Grande-Bretêche ;* autrefois, c'était un petit fief.

Pendant le temps de mon exil à Vendôme, la vue romantique de cette singulière maison devint un de mes plaisirs les plus vifs. — C'était mieux qu'une ruine; car, à une ruine se rattachent des souvenirs historiques, des faits connus dont on ne peut pas secouer l'authenticité; mais, dans cette habitation encore debout et en train de se démolir elle-même, il y avait un secret, une pensée inconnue; un caprice, tout au moins.

Plus d'une fois, le soir, j'allais me faire aborder à la haie, devenue sauvage, qui protégeait cet enclos; puis, bravant les égratignures, j'entrais dans ce jardin sans maître, dans cette propriété qui n'était plus ni publique ni particulière; et j'y restais des heures entières à en contempler le désordre. Je n'aurais pas voulu, pour prix de l'histoire vraie à laquelle était dû sans doute ce spectacle bizarre, faire une seule question à un Vendômois; car j'y composais de délicieux romans; je m'y livrais à de petites débauches de mélancolie qui me ravissaient; et si j'avais connu le motif peut-être vulgaire de cet abandon, j'eusse perdu les poésies inédites dont je m'enivrais.

Il y avait de tout dans cet asile : c'était un air de cloître, puis, la paix du cimetière, sans les morts qui vous parlent leur langage épitaphique; enfin, c'était la province avec toutes ses idées recueillies, et sa vie de sablier... J'y ai souvent pleuré, je n'y ai jamais ri... Là, tout est mélancolique. Plus d'une fois j'ai ressenti des terreurs involontaires, en y entendant, au-dessus de ma tête, le sifflement sourd que produisent les ailes de quelque ramier pressé. Le sol y est humide; il faut prendre garde aux lézards, aux vipères, aux grenouilles qui s'y promènent avec la sauvage liberté de la nature. Il ne faut pas craindre le froid pour y rester; car, en quelques minutes, vous sentez un manteau de glace qui se pose sur vos épaules, comme la main du commandeur sur le cou de don Juan... Un soir, j'y ai frissonné. Le vent avait fait tourner une vieille girouette rouillée, dont les cris aigres ressemblèrent à un gémissement poussé par la maison, au moment où j'achevais un drame assez noir qui m'expliquait cette espèce de douleur monumentale.

Je revins à mon auberge, en proie à des idées sombres.

Quand j'eus soupé, l'hôtesse entra d'un air de mystère dans ma chambre, et me dit :

— Monsieur, voici M. Regnault!...

— Qu'est-ce que M. Regnault?

— Comment, Monsieur ne connaît pas M. Regnault?... Ah! c'est drôle!...

Là-dessus, elle s'en alla.

Et, tout-à-coup, je vis apparaître un homme long et fluet, vêtu de noir, tenant son chapeau à la main; et qui, se présentant à la manière d'un bélier prêt à fondre sur son rival, me montra un front fuyant, une petite tête pointue et une face pâle assez semblable à un verre d'eau sale. Vous eussiez dit un huissier de ministre. Son habit était vieux et très usé sur les plis; mais l'inconnu avait un diamant au jabot de sa chemise et des boucles d'or à ses oreilles.

— Monsieur, à qui ai-je l'honneur de parler? lui dis-je.

Il s'assit sur une chaise, se mit devant mon feu, posa son chapeau sur ma table, et me répondit en se frottant les mains:

— Monsieur, je suis M. Regnault...

Je m'inclinai, en me disant moi-même:

— *Il bondo cani!...* Cherche!...

— ... Je suis, reprit-il, le notaire de Vendôme.

— Eh bien! monsieur!... m'écriai-je.

— Petit moment!... reprit-il en levant la main comme pour m'imposer silence. Permettez, monsieur, permettez... J'ai appris que vous alliez vous promener quelquefois dans le jardin de *la Grande-Bretêche.*

— Oui, monsieur...

— Petit moment!... dit-il en répétant son geste... Ceci constitue un véritable délit... Mais —petit moment!...— je ne suis pas un Turc et ne veux point vous en faire un crime; seulement, monsieur, je viens au nom et comme exécuteur testamentaire de feu madame la comtesse de Merret vous prier de discontinuer vos visites... Vous êtes étranger, je le sais ; aussi, bien permis à vous d'ignorer les circonstances qui m'obligent à laisser tomber en ruines le plus bel hôtel de Vendôme... Cependant, monsieur, vous paraissez avoir de l'instruction ; vous devez savoir que les lois défendent, sous des peines graves, d'envahir une propriété close ; or, une haie vaut un mur... Mais l'état dans lequel la maison se trouve peut servir d'excuse à votre curiosité... Je ne demanderais pas mieux que de vous laisser libre d'aller et venir dans cette maison ; mais, comme je suis chargé d'exécuter les volontés de la testatrice, j'ai l'honneur, monsieur, de vous prier de ne plus entrer dans le jardin... Moi-même, monsieur, depuis l'ouverture du testament, je n'ai pas mis le pied dans cette maison, qui dépend, comme j'ai eu l'honneur de vous le dire, de la succession de madame de Merret. Nous en avons seulement constaté les portes et fenêtres, afin d'asseoir les impôts que je paie annuellement sur des fonds à ce destinés par feu madame la comtesse... Ah ! mon cher monsieur, son testament a fait bien du bruit à Vendôme !...

Là, il s'arrêta pour se moucher, le digne homme !...

Je respectai sa loquacité, comprenant à merveille que la succession de madame de Merret était l'évènement le plus important de sa vie ;

toute sa réputation, sa gloire, sa Restauration; et, comme il me fallait dire adieu à mes belles rêveries, à mes romans, je ne fus pas rebelle au plaisir d'apprendre la vérité d'une manière officielle.

— Monsieur, lui dis-je, y a-t-il de l'indiscrétion à vous demander les raisons qui... ?

A ces mots, un air qui exprimait tout le plaisir ressenti par les hommes habitués à monter sur un *dada*, passa sur la figure du notaire. Il releva le col de sa chemise avec une sorte de fatuité, tira sa tabatière, l'ouvrit, m'offrit du tabac; et, sur mon refus, en saisit une forte pincée... Il était heureux!...

Un homme qui n'a pas de dada ne sait pas tout le parti que l'on peut tirer de la vie; un dada est le milieu précis entre la passion et la monomanie; et, en ce moment, je compris cette jolie expression de Sterne dans toute son étendue; j'eus une complète idée de la joie avec laquelle l'oncle Tobie enfourchait, Trim aidant, son cheval de bataille.

— Monsieur, me dit M. Regnault, j'ai été

premier clerc de maître Chodron à Paris... — excellente étude, dont vous avez peut-être entendu parler?... — Non. — Cependant son nom a été bien souvent affiché... — N'ayant pas assez de fortune pour *traiter* à Paris, au prix où les charges montèrent en 1816, je vins ici acquérir l'étude de mon prédécesseur... J'avais des parens à Vendôme, entre autres une tante fort riche, dont j'épousai la fille, aujourd'hui madame Regnault.

— Monsieur, reprit-il après une légère pause, trois mois après avoir été agréé par le ministre de la justice, — je n'étais pas encore marié, — je fus mandé un soir, au moment où j'allais me coucher, par madame la comtesse de Merret, à son château de Merret... Sa femme de chambre, une brave fille qui sert aujourd'hui dans cette hôtellerie, était à ma porte avec la calèche de madame la comtesse... Ah! — Petit moment!... — Il faut vous dire, monsieur, que M. le comte de Merret avait été mourir à Paris deux mois avant que je ne vinsse ici. — Il périt misérablement en se livrant à des excès de tous genres.... — Vous comprenez. — Le jour de son départ, madame la comtesse avait quitté *la Grande-Bretêche*, l'avait démeublée, et — quelques personnes prétendent même qu'elle en a brûlé les meubles, les tapisseries, et tout, dans la prairie de Merret. — Avez-vous été à Merret, monsieur? — Non... dit-il en exprimant lui-même ma réponse. — Ah! c'est un fort bel endroit!

— Depuis trois mois environ, dit-il en continuant après un petit hochement de tête, M. le comte et sa femme avaient vécu singulièrement. Ils ne recevaient plus personne ; madame habitait le rez-de-chaussée, et monsieur le premier. Quand madame la comtesse resta seule, elle ne se montra plus qu'à l'église ; et, plus tard chez elle, à son château, elle refusa de voir, même les amis qui vinrent lui faire des visites. Il paraît qu'elle était déjà très changée au moment où elle quitta *la Grande-Bretêche* pour aller à Merret.

— Cette chère femme-là... — je dis chère, parce que ce diamant me vient d'elle; car je ne l'ai vue, du reste, qu'une seule fois! — Donc cette bonne dame était très malade... Elle avait sans doute désespéré de sa santé ; car elle est morte sans vouloir appeler des médecins; aussi, beaucoup de nos dames ont trouvé qu'elle ne ne jouissait pas de toute sa tête...

— Alors, monsieur, ma curiosité fut singulièrement excitée en apprenant que madame de Merret avait besoin de mon ministère; mais je n'étais pas le seul qui s'intéressât à cette histoire; et le soir même, quoiqu'il fût tard, toute la ville sut que j'allais à Merret. La femme de chambre répondit assez vaguement aux questions que je lui fis en chemin; cependant, elle me dit que sa maîtresse avait été administrée par le curé de Merret pendant la journée, et qu'elle ne paraissait pas devoir passer la nuit...

— J'arrivai sur les onze heures au château. Je montai le grand escalier. Après avoir traversé de grandes pièces hautes et noires, froides et humides en diable, je parvins dans la chambre à coucher d'honneur où était madame la comtesse.

—D'après les bruits qui couraient sur cette dame; car, monsieur, je n'en finirais pas si je vous répétais tous les contes qui se sont débités à son égard; je me la figurais comme une belle femme, une coquette... Bah!... Imaginez-vous que j'eus beaucoup de peine à la trouver dans le grand lit où elle était. Il est vrai qu'il n'y avait qu'une petite lampe pour éclairer cette énorme chambre, ces lambris... — Ah! mais vous n'avez pas été à Merret!... — Eh bien! monsieur, le lit est un de ces lits d'autrefois, avec un ciel élevé, garni d'indienne à ramages. — Une petite table de nuit était près du lit ; il y avait dessus une *Imitation de Jésus-Christ*, — que, par parenthèse, j'ai donnée à ma femme, ainsi que la lampe. — Il y avait aussi une grande bergère pour la femme de confiance, et deux chaises... Du reste, point de feu. — Voilà le mobilier. — Ça n'aurait pas fait dix lignes dans un inventaire.

—Ah! mon cher monsieur, si vous aviez vu, comme je la vis alors, cette vaste chambre, tendue en tapisseries brunes, vous eussiez cru avoir été transporté dans une véritable scène de roman ; c'était glacial... mieux que cela, funèbre!...

— A force de regarder, en venant près du lit, je finis par voir madame de Merret, encore grâce à la lueur de la lampe dont la clarté

donnait sur les oreillers. Sa figure était jaune
comme le la cire, et ressemblait à deux
mains jointes. Madame la comtesse avait un
bonnet de dentelles qui laissait voir de beaux
cheveux, mais blancs et noirs. Elle était
sur son séant, et paraissait s'y tenir avec
beaucoup de peine...... Ses grands yeux
noirs, abattus par la fièvre, sans doute, et
déjà presque morts, remuaient à peine sous
leurs arcades profondes. Son front était humide; ses mains décharnées ressemblaient à
des os recouverts d'une peau bien tendue ; ses
veines, ses muscles se voyaient parfaitement
bien; elle avait dû être très belle, mais, en ce
moment, je fus saisi de je ne sais quel sentiment
à son aspect : jamais, au dire de ceux qui l'ont
ensevelie, une créature vivante ne pourra atteindre à sa maigreur sans mourir... c'était
épouvantable à voir!... Cette femme avait été
rongée par le mal jusqu'à n'être plus qu'un fantôme. Ses lèvres étaient d'un violet pâle, et quand
elle me parla, ce fut à peine si elle les remua.
Sa lèvre supérieure était un peu marquée, de
chaque côté, par deux petits bouquets bruns;
et ce signe d'une forte constitution annonçait
toutes les souffrances par lesquelles elle avait

dû passer, avant d'arriver à sa vie artificielle qui allait s'éteindre.

—Quoique j'aie été habitué à ces sortes de spectacles à Paris, où ma profession me conduisait souvent au chevet de nos cliens, pour constater leurs dernières volontés, j'avoue que les familles en larmes, les agonies et tout ce que j'ai vu, n'étaient rien auprès de cette femme seule et silencieuse, dans ce vaste château. Je n'entendais pas le moindre bruit, je ne voyais pas même le mouvement que la respiration de la malade aurait dû donner aux draps dont elle était couverte, et je restais tout-à-fait immobile, occupé à la regarder avec une sorte de stupeur... Mais enfin, ses grands yeux se remuèrent; elle essaya de lever sa main droite, qui retomba sur le lit; et ces mots sortirent de sa bouche comme un souffle; sa voix n'était déjà plus une voix.

—Je vous attendais avec bien de l'impatience...

Ses joues se colorèrent vivement : parler, c'était un effort.

— Madame... lui dis-je.

Elle me fit signe de me taire.

En ce moment, la vieille femme de charge se leva, et me dit à l'oreille :

— Ne parlez pas... Madame la comtesse est hors d'état d'entendre le moindre bruit ; et ce que vous lui diriez pourrait l'agiter.

Je m'assis.

Quelques instans après, madame de Merret rassembla tout ce qui lui restait de forces pour mouvoir son bras droit, le mit, non sans des peines infinies, sous son traversin ; alors, elle s'arrêta un moment ; puis, elle fit un dernier effort pour retirer sa main ; et lorsqu'elle y fut parvenue, des gouttes de sueur tombèrent de son front ; elle avait pris un papier cacheté.

— Je vous confie mon testament !... dit-elle. Ah ! mon Dieu !... Ah !...

Ce fut tout...

Elle saisit un crucifix qui était sur son lit, le porta rapidement à ses lèvres, et mourut...

L'expression de ses yeux fixes me fait encore

frissonner quand j'y songe... Elle avait dû bien souffrir... Il y avait de la joie dans son dernier regard, et ce sentiment resta gravé sur ses yeux morts.

J'emportai le testament.

Quand il fut ouvert, je vis que madame de Merret m'avait nommé son exécuteur testamentaire. Elle léguait la totalité de ses biens à l'hôpital de Vendôme, sauf quelques legs particuliers. Mais voici quelles furent ses dispositions relativement à la Grande-Bretèche. Elle me recommanda de laisser cette maison pendant cinquante années révolues, à partir du jour de sa mort, dans l'état où elle se trouverait au moment de son décès, en interdisant l'entrée des appartemens à quelque personne que ce fût, défendant d'y faire la moindre réparation, et allouant même une rente afin de gager des gardiens, s'il en était besoin, pour assurer l'entière exécution de ses intentions.

A l'expiration de ce terme, la maison doit m'appartenir, — à moi ou à mes héritiers, — si le vœu de la testatrice a été accompli ; sinon, la Grande-Bretêche reviendrait à ses héritiers naturels, mais à la charge, par eux ou par moi, de remplir les conditions indiquées dans un codicille annexé au testament, et qui ne doit être ouvert qu'à l'expiration desdites cinquante années.

Le testament n'a point été attaqué... Donc...

Là-dessus, et sans achever sa phrase, le docteur oblong me regarda d'un air de triomphe.

Je le rendis tout-à-fait heureux, en lui adressant quelques complimens.

— Je vous avoue, monsieur, lui dis-je en terminant, que vous m'avez si vivement impressionné, que je crois voir cette mourante plus pâle que ses draps; ses yeux luisans me font peur, et j'en rêverai sans doute cette nuit... Mais vous devez avoir formé quelques conjectures sur les dispositions contenues dans son testament bizarre.

— Monsieur, me dit-il avec une réserve comique, je ne me permets jamais de juger la

5.

conduite des personnes qui m'ont honoré d'un legs.

— Eh bien! monsieur, dis-je, la volonté de madame de Merret n'a rien de bien neuf!...

Le notaire hocha la tête en homme piqué.

— Sur le chemin de Versailles à Paris, entre Auteuil et le Point-du-Jour, repris-je, il existe une maison soumise au même régime. Je ne sais si c'est en vertu du testament d'un mort ou du caprice d'un homme vivant; mais j'ai rarement fait un voyage de Versailles à Paris, sans entendre mes voisins entasser, sur la maison déserte, des réflexions aussi bizarres que peut l'être le fait en lui-même....

Là-dessus, je racontai quelques unes des suppositions émises par les plus intelligens des compagnons de voyage que j'avais rencontrés dans les voitures de Versailles; et, la parité des aventures arrivées à nos immeubles respectifs, ayant délié, par la discussion, la langue du scrupuleux notaire vendômois, il m'initia, non sans de longues digressions, à toutes les observations dues aux profonds politiques des deux sexes dont la ville de Vendôme écoute les arrêts. Mais ces observations étaient si contradictoires, si diffuses, que je faillis m'endormir, malgré l'intérêt que je prenais à cette histoire authentique.

Le ton lourd et l'accent monotone de ce notaire, sans doute habitué à s'écouter lui-même et à se faire écouter de ses cliens ou de ses compatriotes, triompha de ma curiosité.

Heureusement, il s'en alla.

— Ah! ah! monsieur, il y a bien des gens, me dit-il dans l'escalier, qui voudraient vivre encore quarante-huit ans ; mais.... — petit moment !...

Et il mit, d'un air fin, l'index de sa main droite sur sa narine, comme s'il eût voulu dire : faites bien attention à ceci !

— Pour aller jusque-là, il ne faut pas avoir la soixantaine.

Je fermai ma porte, après avoir été tiré de

mon apathie par ce dernier trait que le notaire trouva très spirituel ; puis, je m'assis dans mon fauteuil, en mettant les pieds sur les deux chenêts.....

A peine m'étais-je enfoncé dans un roman à la Radcliffe, bâti sur les données juridiques de M. Regnault, que ma porte, dirigée par la main adroite d'une femme, tourna sur ses gonds ; et je vis venir mon hôtesse, grosse femme réjouie, de belle humeur, qui avait certes manqué sa vocation ; c'était une espèce de flamande qui aurait dû naître dans un tableau de Teniers.

— Eh bien ! monsieur ?... me dit-elle. Monsieur Regnault vous a sans doute rabâché son histoire de la Grande-Bretêche...

— Oui, mère Lepas.

— Que vous a-t-il dit ?

Je lui répétai en peu de mots la ténébreuse et froide histoire de madame de Merret.

A chaque phrase, mon hôtesse tendait le cou, en me regardant avec une perspicacité d'aubergiste, espèce de juste milieu entre l'instinct du gendarme, l'astuce de l'espion et la ruse du commerçant.

— Ma chère madame Lepas! ajoutai-je en terminant, vous paraissez en savoir davantage... Hein?.. Autrement, pourquoi seriez-vous montée chez moi?...

— Ah! foi d'honnête femme, et aussi vrai que je m'appelle Lepas...

— Ne jurez pas, vos yeux disent la vérité... Vous avez connu M. de Merret?... Quel homme était-ce?...

— Dame, M. de Merret, voyez-vous, il avait bien cinq pieds sept pouces; on ne finissait pas de le voir; il était noble, et venait de Picardie... Il avait, comme on dit ici, la tête près du bonnet... Il payait tout comptant pour n'avoir de difficulté avec personne, parce que, voyez-vous, il était vif; mais nos dames ici disaient toutes qu'il ne manquait pas d'amabilité... Il fallait bien avoir eu quelque chose devant soi, comme on dit, pour épouser madame de Merret... Madame de Merret, voyez-vous, était la plus belle et la plus riche personne du Vendômois. Elle avait aux environs de quarante mille livres de rente. Toute la ville a été à sa noce... La mariée était mignonne et avenante, un vrai bijou!... Ah! çà a fait un beau couple dans le temps...

— Ont-ils été heureux en ménage?...

— Oh!... oui, monsieur; du moins, autant qu'on peut le présumer, car vous pensez bien que, nous autres, nous ne vivions pas à pot et à rôt avec eux... Madame de Merret était bienfaisante, bonne et douce... Elle avait peut-être bien à souffrir quelquefois des vivacités de son mari; mais c'était un digne homme, un peu fier... Bah! c'était son état à lui d'être comme ça!... Quand on est noble, voyez-vous...

— Cependant il a bien fallu quelque catastrophe pour que M. et madame de Merret se séparassent violemment?...

— Je n'ai point dit qu'il y ait eu de catastrophes, monsieur... Je n'en sais rien...

— Bien. Je suis sûr maintenant que vous savez...

— Eh bien! oui, monsieur... je vais tout vous dire. En voyant monter chez vous M. Regnault, j'ai bien pensé qu'il vous parlerait de madame de Merret, à propos de la Grande-Bretêche ; et ça m'a donné l'idée de consulter monsieur, qui me paraît un homme de bon conseil et incapable de trahir une pauvre femme comme moi qui n'a jamais fait de mal à personne, et qui se trouve cependant tourmentée par sa conscience... Je n'ai pas voulu me confier à un prêtre, rapport à ce qui est arrivé dernièrement à Tours. Une veuve du faubourg Saint-Pierre-des-Corps s'est accusée en confession d'avoir tué son mari. Elle l'avait, sous votre respect, salé comme un cochon, et mis dans sa cave ; et tous les matins elle en jetait un morceau à la rivière. Elle disait qu'il était en voyage, et le fait est qu'il voyageait sous l'eau... Finalement, il ne restait plus que la tête... Le prêtre l'a dit au procureur du roi, et elle a été fait mourir. Quand le juge lui a demandé pourquoi elle n'avait pas jeté la tête à l'eau comme le reste du corps, elle a répondu : — Qu'elle n'avait jamais pu la prendre, vu qu'elle était trop lourde.

— Eh bien ! monsieur, je ne suis point dans ce cas-là, comme vous devez bien le penser ; mais je voudrais avoir l'avis d'un honnête homme sur ce qui m'est arrivé! Jusqu'à présent, je n'ai point osé m'ouvrir aux gens de ce pays-ci ; ce sont tous des bavards à langues d'acier ; enfin, monsieur, je n'ai pas encore eu de voyageur qui soit demeuré si long-temps que vous dans mon auberge, et auquel je pusse dire l'histoire des quinze mille francs...

— Ma chère madame Lepas ! lui répondis-je en arrêtant le flux de ses paroles, si votre confidence est de nature à me compromettre, pour tout au monde je ne voudrais pas en être chargé...

— Ne craignez rien, dit-elle en m'interrompant. Vous allez voir.

Cet empressement me fit croire que je n'étais pas le seul à qui ma bonne aubergiste eût communiqué le secret dont je devais être l'unique dépositaire ; et, alors, j'écoutai.

— Monsieur, dit-elle, quand l'empereur envoya ici quelques Espagnols prisonniers de guerre ou autres, j'eus à loger, au compte du gouvernement, un jeune Espagnol, envoyé à Vendôme sur parole. Malgré ça, il allait tous les jours se montrer au sous-préfet. C'était un grand d'Espagne!... Excusez-moi du peu!... Il portait un nom en *os* et en *dia*, comme Bajos de Férédia... J'ai son nom écrit sur mes registres; vous pourrez le lire, si vous le voulez... Oh! c'était un beau jeune homme, pour un Espagnol qu'on dit tous laids... Il n'avait guère que cinq pieds deux ou trois pouces : mais il était bien fait; il avait de petites mains qu'il soignait!... ah! fallait voir! il avait autant de brosses pour ses mains qu'une femme en a pour toute sa personne!... Puis, c'étaient de grands cheveux noirs, un œil de feu, un teint un peu cuivré, mais qui plaisait tout de même... Il portait du linge fin comme je n'en ai jamais vu à personne; quoique j'aie logé des princesses, et entre autres le général Bertrand, le duc et la duchesse d'Abrantès, M. Decazes et le roi d'Espagne...... Il ne mangeait pas grand'chose; mais il avait des manières si polies, si aimables! Oh! je l'aimais beaucoup, et malgré cela il ne disait pas quatre paroles par jour; il était rêveur, taciturne... Il lisait son Bréviaire comme un prêtre, et allait à la messe, à tous les offices régulièrement... Et où se mettait-il ?... à deux pas de la chapelle de madame de Merret... Comme il se plaça là dès la première fois qu'il vint à l'église, personne n'imagina qu'il y eût de l'intention dans son fait..... D'ailleurs il ne levait pas le nez de dessus son livre de prières, le pauvre jeune homme !...

— Pour lors, monsieur, le soir il allait se promener sur la montagne, dans les ruines du château. C'était là tout son amusement. Ça lui rappelait son pays. On dit que c'est tout montagnes en Espagne !...... Souvent, dès les premiers jours de sa détention, il revenait fort tard..... Je fus inquiète en ne le voyant revenir que sur les minuit; mais nous nous habituâmes tous à sa fantaisie; et comme il avait la clef de la porte, nous ne l'attendions pas du tout... Il logeait dans la maison que nous avons de l'autre côté de la rue...

— Pour lors, un de nos valets d'écurie nous

dit qu'un soir, en allant faire baigner les chevaux, il croyait avoir vu le grand d'Espagne nager au loin dans la rivière, comme un vrai poisson... Quand il revint, je lui dis de prendre garde aux herbes qui flottent... Pour lors, il parut contrarié d'avoir été vu dans l'eau...

— Enfin, monsieur, un jour, ou plutôt un matin, nous ne le trouvâmes plus dans sa chambre. Il n'était pas revenu... A force de fouiller partout, je vis un écrit dans le tiroir de sa table, où il y avait cinquante pièces d'or, qu'on nomme des portugaises; ça valait bien 5,000 francs; puis des diamans pour 10,000 fr. qui étaient dans une petite boîte cachetée... Pour lors son écrit disait : Qu'au cas où il ne reviendrait pas, cet argent et ces diamans seraient notre propriété; qu'il n'y aurait pas de perquisitions à faire de lui, parce qu'il se serait sans doute évadé...

—Dans ce temps-là, j'avais encore mon mari, qui, dès le matin, était allé à sa recherche, et voilà le drôle de l'histoire !... Mon cher monsieur, il rapporta les habits de l'Espagnol... Il les avait découverts sous une grosse pierre, dans une espèce de pilotis sur le bord de la rivière, du côté du château, à peu près en face de la Grande-Bretêche... Mon mari n'ayant rencontré personne, vu qu'il y avait été de grand matin, brûla les habits après avoir lu la lettre, et il déclara que le comte Férédia n'était pas rentré, puisque c'était le désir de l'Espagnol.

— Là-dessus, le sous-préfet mit toute la gendarmerie à ses trousses, mais... brust !... on ne l'a point rattrapé..... M Lepas croit qu'il s'était noyé... Moi, monsieur, je ne le pense point... et je crois plutôt qu'il est pour quelque chose dans l'affaire de madame de Merret; vu que Rosalie m'a dit que le crucifix auquel sa maîtresse tenait tant qu'elle a voulu être ensevelie avec, était d'ébène et d'argent; et que, dans les premiers temps de son séjour, M. Férédia en avait un d'ébène et d'argent que je ne lui ai plus revu...

— Maintenant, monsieur, n'est-il pas vrai que je ne dois point avoir de remords des 15,000 francs de l'Espagnol, et qu'ils sont bien à moi ?...

— Certainement... Mais n'avez-vous pas essayé de questionner Rosalie?... lui dis-je.

— Oh! si fait, monsieur. Que voulez-vous?... Cette fille-là, c'est un mur... Elle sait quelque chose; mais il est impossible de la faire jaser...

Madame Lepas se retira après avoir encore causé pendant un moment avec moi. Elle me laissa en proie à des pensées vagues et ténébreuses, à une curiosité romanesque, à une terreur religieuse assez semblable au sentiment profond dont nous sommes saisis quand nous entrons à la nuit dans une église sombre, et que nous y apercevons une faible lumière lointaine sous des arceaux élevés... Puis, une figure indécise glisse, un frottement de robe ou de soutane se fait entendre... Nous avons frissonné.

La Grande-Bretêche et ses hautes herbes, ses fenêtres condamnées, ses ferremens rouillés, ses portes closes, ses appartemens déserts, se montra tout-à-coup fantastiquement devant moi ; j'essayai de pénétrer dans cette mystérieuse demeure, en y cherchant le nœud de cette solennelle histoire, le poison qui avait tué trois personnes.

Rosalie était à mes yeux l'être le plus intéressant de Vendôme. Aussi, quand la cause de mon exil cessa; quand cette grosse fille, rougeaude, joyeuse en apparence, m'apporta elle-même la lettre qui me délivra, je la regardai d'un œil si profondément interrogateur, qu'elle rougit et pâlit tour à tour...

Alors, je découvris pour la première fois les traces d'une pensée intime au fond de cette santé brillante et sur ce visage potelé. Il y avait dans cette âme un principe de remords ou d'espérance; et dans son attitude, un secret, comme chez les dévotes qui prient avec excès, ou comme chez la fille infanticide qui entend toujours le cri de son enfant.

Sa pose était cependant naïve et grossière; son niais sourire n'avait rien de criminel, et vous l'eussiez jugée innocente, rien qu'à voir le grand mouchoir à carreaux rouges et bleus qui recouvrait son buste vigoureux, encadré, serré, ficelé par une robe à raies blanches et violettes... C'était une fille simple et facile à abuser...

— Non, pensai-je, je ne quitterai pas Vendôme sans savoir toute l'histoire de la Grande-Bretêche ; et, pour arriver à mes fins, je serai l'ami de Rosalie — s'il le faut...

— Rosalie?... lui dis-je.

— Plaît-il, monsieur?

— Vous n'êtes pas mariée?

Elle tressaillit légèrement.

— Oh! je ne manquerai point d'hommes quand la fantaisie d'être malheureuse me prendra! dit-elle en riant; car elle se remit promptement de son émotion intérieure. Toutes les femmes, et même les paysannes, ont un sang-froid qui leur est particulier.

— Vous êtes assez fraîche, assez appétissante, pour ne pas manquer d'amoureux... Mais, dites-moi, Rosalie, pourquoi vous êtes-vous faite servante d'auberge en quittant madame de Merret?... Est-ce qu'elle ne vous a pas laissé quelque rente?...

— Oh! que si!... Mais, monsieur, ma place est la meilleure de tout Vendôme.

Cette réponse était une de celles que les juges et les avoués nomment *dilatoires*. Rosalie me parut située dans cette histoire romanesque comme la case qui se trouve au milieu d'un damier... Elle était au centre même de l'intérêt et de la vérité; elle me semblait nouée dans le nœud.

Oh! ce ne fut plus une séduction ordinaire à tenter! Il y avait dans cette fille le dernier chapitre d'un roman; aussi, dès ce moment, Rosalie devint l'objet de ma prédilection. A force de l'étudier, je découvris en elle, comme chez toutes les femmes dont nous faisons notre pensée principale, une foule de qualités : elle était propre, soigneuse; elle était spirituelle, elle était belle, cela va sans dire; elle était gracieuse; elle avait de l'attrait...

Quinze jours après la visite du notaire, un soir, ou plutôt un matin, car il était minuit et demi, je dis à Rosalie:

— Raconte-moi donc tout ce que tu sais sur madame de Merret?...

— Oh! répondit-elle avec terreur, ne me demandez pas cela, M. Auguste!...

Et sa belle figure se rembrunit, ses couleurs vives et animées pâlirent, et ses yeux n'eurent plus leur éclat humide...

— Eh bien! reprit-elle, puisque vous le voulez... mais gardez-moi bien le secret!...

— Va!... ma pauvre fille, je garderai tous tes secrets avec une probité de voleur, c'est la plus loyale qui existe...

— Si cela vous est égal, me dit-elle, j'aime mieux que ce soit la vôtre.

Là-dessus, elle ragréa son foulard, et se posa comme pour conter; car il y a, certes, une attitude de confiance et de sécurité nécessaire pour faire un récit. Les meilleures narrations se disent à une certaine heure, et personne n'a bien conté debout ou à jeun ; aussi, pour vous dire cette aventure, me suis-je *posé*.

Mais s'il fallait reproduire fidèlement la diffuse éloquence de Rosalie, un volume entier suffirait à peine... et comme l'évènement dont elle me donna la confuse connaissance se trouve placé entre le bavardage du notaire et celui de madame Lepas, aussi exactement que les termes moyens d'une proportion arithmétique le sont entre leurs deux extrêmes, il doit être formulé nettement, et avec la précision qu'y mettrait un journal, dont les lignes se vendent à trente sous... Donc, j'abrège.

La chambre que madame de Merret occupait à la Bretêche était située au rez-de-chaussée. Un petit cabinet de quatre pieds de profondeur environ avait été pratiqué dans l'intérieur du mur, et servait de garde-robe. Trois mois avant la soirée dont je vais vous raconter les faits. Madame de Merret avait été assez sérieusement indisposée pour que son mari la laissât seule chez elle. Il couchait dans une chambre au premier étage.

Par un de ces hasards impossibles à prévoir, il revint, ce soir-là, deux heures plus tard que de coutume du cercle où il allait lire les journaux et causer politique avec les habitans du pays. L'invasion de la France avait été l'objet d'une discussion fort animée; puis, la partie de billard s'étant échauffée, il y avait perdu quarante francs, somme énorme à Vendôme, où tout le monde thésaurise, et où les mœurs sont contenues dans les bornes d'une modestie digne d'éloges et qui peut-être devient la source d'un bonheur inappréciable.

Quoique, depuis quelque temps, M. de Merret se contentât de demander à Rosalie, en rentrant, si sa femme était couchée; et que, sur la réponse toujours affirmative de cette fille, il allât immédiatement chez lui, avec cette bonhomie enfantée par l'habitude et la confiance, il lui prit fantaisie de se rendre chez madame de Merret, pour lui conter sa mésaventure, et peut-être aussi pour s'en consoler.

Pendant le dîner, il avait trouvé madame de

Merret fort jolie; et, tout en revenant au logis, il s'était dit vaguement que sa femme allait mieux. Il s'en apercevait, comme les maris s'aperçoivent de tout, un peu tard.

Au lieu d'appeler Rosalie, qui, en ce moment, était occupée dans la cuisine à voir la cuisinière et le cocher jouant un coup difficile de la brisque, M. de Merret se dirigea vers la chambre de sa femme, à la lueur de son fallot, qu'il avait posé sur la première marche de l'escalier. Son pas était facile à reconnaître et retentissait sous les voûtes du corridor.

Au moment où le gentilhomme tourna la clef de la chambre de sa femme, il crut y entendre fermer la porte du petit cabinet : et, quand il entra, madame de Merret était debout devant la cheminée...

Alors il pensa naïvement en lui-même que Rosalie était dans le cabinet; mais un soupçon qui lui tinta dans l'oreille avec un bruit de cloches l'ayant mis en défiance, il regarda fixement sa femme, et trouva dans ses yeux je ne sais quoi de trouble et de fauve...

— Vous rentrez bien tard ! dit-elle.

Il y avait une légère altération dans sa voix. Le timbre en était si pur et si gracieux!...

M. de Merret ne répondit rien ; car en ce moment Rosalie entra. Ce fut un coup de foudre pour lui. Sans dire un mot, il se mit à se promener dans la chambre, en allant d'une fenêtre à l'autre par un mouvement uniforme et les bras croisés.

— Avez-vous appris quelque chose de triste?... Souffrez-vous ?... lui demanda timidement sa femme, pendant que Rosalie la déshabillait.

Il garda le silence.

— Retirez-vous !... dit madame de Merret à sa femme de chambre, je mettrai mes papillotes moi-même.

Devinant sans doute quelque malheur, au seul aspect de la figure de son mari, elle voulut être seule avec lui.

Lorsque Rosalie fut partie, ou censée partie, car elle resta pendant quelques instans dans le corridor, M. de Merret vient se placer devant sa femme, et lui dit froidement, mais ses lèvres tremblaient et sa figure était pâle :

— Madame, il y a quelqu'un dans votre cabinet...

Elle regarda son mari d'un air horriblement calme, et lui répondit avec simplicité :

— Non, monsieur !...

Ce non lui creva le cœur, car il n'y croyait pas, et jamais sa femme ne lui avait paru plus pure et plus religieuse qu'en ce moment.

Il se leva pour aller ouvrir le cabinet ; mais madame de Merret le prit par la main, l'arrêta, le regarda d'un air touchant et mélancolique; puis, elle dit d'une voix singulièrement émue :

— Si vous ne trouvez personne... songez que tout est fini entre nous...

L'incroyable dignité empreinte dans l'attitude de sa femme rendit au gentilhomme une profonde estime pour elle, et lui inspira une de ces résolutions auxquelles il ne manque pour être sublimes qu'un plus vaste théâtre.

— Oui, dit-il, Joséphine, je n'irai pas... Dans l'un et l'autre cas, nous serions séparés à jamais... Écoute, je connais toute la pureté de ton âme, et sais que tu mènes une vie sainte... Tu ne voudrais pas commettre un péché mortel aux dépens de ta vie...

A ces mots, elle le regarda d'un œil hagard.

— Tiens, voici ton crucifix... Jure-moi devant Dieu qu'il n'y a là personne... je te croirai, je n'ouvrirai jamais cette porte...

Madame de Merret prit le crucifix... et dit: — Je le jure.

— Plus haut, dit le mari, et répète : Je jure devant Dieu qu'il n'y a personne dans ce cabinet.

Elle répéta la phrase sans se troubler.

— C'est bien !... dit froidement M. de Merret ; puis, après un moment de silence :

— Vous avez là, dit-il, une bien belle chose que je ne vous connaissais pas...

Et il examina curieusement ce crucifix qui était en ébène incrusté d'argent, et très artistement sculpté.

— Je l'ai pris chez Duvivier, qui l'avait acheté d'un religieux espagnol, lorsque cette troupe de prisonniers passa par Vendôme l'année dernière.

— Ah!... dit M. de Merret.

Et il remit le crucifix à la cheminée. En le replaçant au clou doré auquel sa femme l'accrochait, il sonna. Rosalie ne se fit pas attendre. M. de Merret alla vivement à sa rencontre, et l'emmenant dans l'embrasure de la fenêtre qui donnait sur le jardin, il lui dit à voix basse :

— Je sais que Gorenflot veut t'épouser, et

que ce qui vous empêche de vous mettre en ménage est votre pauvreté mutuelle. Tu lui as dit que tu ne serais pas sa femme s'il ne trouvait moyen de s'établir maître maçon... Eh bien ! va le chercher ; dis-lui de venir ici avec sa truelle et ses outils. Fais en sorte de n'éveiller que lui dans sa maison. Sa fortune passera vos désirs ; surtout, sors d'ici sans jaser, sinon...

Il fronça le sourcil. Rosalie partit ; il la rappela.

— Tiens, prends mon passe-partout...

— Jean !... cria M. de Merret d'une voix tonnante dans le corridor.

Et Jean, qui était tout à la fois son cocher et son homme de confiance, quitta sa partie de brisque, et vint.

— Allez vous coucher tous... lui dit son maître.

Puis, M. de Merret lui faisant un signe, Jean s'approcha, et le gentilhomme ajouta, mais à voix basse :

— Lorsqu'ils seront tous endormis... *endormis*, entends-tu bien?... — tu descendras m'en prévenir.

M. de Merret, qui n'avait pas perdu de vue sa femme, tout en donnant ses ordres, revint tranquillement auprès d'elle devant le feu. Ce fut alors qu'il lui raconta sans doute les évènemens de la partie de billard, et les discussions du cercle; car lorsque Rosalie fut de retour, elle trouva M. et madame de Merret causant très amicalement.

Le gentilhomme avait récemment fait plafonner toutes les pièces qui composaient l'appartement du rez-de-chaussée; or, comme le plâtre est fort rare à Vendôme, et que le transport en augmente singulièrement le prix, il en avait fait venir une assez grande quantité, sachant qu'il trouverait toujours bien des acheteurs pour ce qui lui en resterait. —Il en avait encore une barrique environ, et cette circonstance lui inspira le dessein qu'il mit à exécution.

— Monsieur, Gorenflot est là!... dit Rosalie.

— Qu'il entre !....

Madame de Merret pâlit légèrement en voyant le maçon.

— Gorenflot ?... dit le gentilhomme, va prendre des briques sous la remise, et apportes-en assez pour murer la porte de ce cabinet... Tu te serviras du plâtre qui me reste pour enduire le mur...

Puis, attirant à lui Rosalie et l'ouvrier :

— Écoute, Gorenflot... dit-il à voix basse, tu coucheras ici cette nuit. — Mais, demain matin, tu auras un passeport pour aller en pays étranger dans une ville que je t'indiquerai. — Je te remettrai six mille francs pour ton voyage. — Tu resteras dix ans dans cette ville : — si tu ne t'y plaisais pas, tu pourrais t'établir dans une autre, pourvu que ce soit au même pays. — Tu passeras par Paris, où tu m'attendras ; et, là, je t'assurerai, par un contrat, six autres mille francs qui ne te seront payés qu'à ton retour, si tu as rempli les conditions de notre marché. — A ce prix, tu devras garder le plus profond silence sur ce que tu auras fait ici — cette nuit.

— Quant à toi, Rosalie, je te donnerai dix mille francs qui ne te seront comptés que le jour de tes noces, et à la condition d'épouser Gorenflot; mais pour vous marier, il faut garder le silence sur tout ceci... Sinon, plus de dot...

— Rosalie, dit madame de Merret, venez me coiffer...

Le mari se promena tranquillement de long en large, en surveillant la porte, le maçon et sa femme; mais sans laisser paraître une défiance injurieuse.

Gorenflot fut obligé de faire du bruit. Alors, madame de Merret, saisissant un moment où l'ouvrier déchargeait des briques et où son mari se trouvait au bout de la chambre, dit à Rosalie:

— Cent écus de rente, ma chère enfant, si tu peux lui dire de laisser une crevasse en bas!...

Puis, tout haut, elle lui dit avec un horrible sang-froid :

— Va donc l'aider!...

M. et madame de Merret restèrent silencieux pendant tout le temps que Gorenflot mit à murer la porte. Ce silence était calcul chez le mari, qui ne voulait pas fournir à sa femme le prétexte de jeter des paroles à double entente ; et chez madame de Merret, c'était peut-être prudence ou fierté.

Quand le mur fut à la moitié de son élévation, le rusé maçon, saisissant un moment où le gentilhomme avait le dos tourné, donna un coup de pioche dans l'une des deux vitres de la porte. Cette action fit comprendre à madame de Merret que Rosalie avait parlé à Gorenflot ; alors, elle et le maçon virent, non sans de profondes émotions, une figure d'homme sombre et brune, des cheveux noirs, un regard de feu....

Avant que son mari ne se fût retourné, la pauvre femme eut le temps de faire un signe de tête à l'étranger ; et ce signe disait : — Espérez....

A quatre heures, vers le petit jour, car on était au mois de septembre, la construction fut achevée. — Le maçon fut mis sous la garde de Jean, et M. de Merret coucha dans la chambre de sa femme.

Le lendemain matin, en se levant il dit avec assez d'insouciance :

— Ah ! diable, il faut que j'aille à la mairie, pour le passeport....

Puis, quand il eut mis son chapeau sur sa tête et qu'il eut fait trois pas vers la porte, il se ravisa, et prit le crucifix.

Voyant cela, sa femme tressaillit de bonheur.

— Il ira chez Duvivier !.. pensa-t-elle.

Aussitôt que le gentilhomme fut sorti, madame de Merret sonna Rosalie; et, d'une voix terrible :

— La pioche !... la pioche!... s'écria-t-elle, et à l'ouvrage !... J'ai vu hier comment Gorenflot s'y prenait nous aurons le temps de faire un trou et de le reboucher...

En un clin d'œil, Rosalie apporta une espèce de *merlin* à sa maîtresse, qui, avec une ardeur dont rien ne pourrait donner une idée se mit à démolir le mur...

Elle avait déjà fait tomber quelques briques, lorsqu'en prenant son élan pour appliquer un coup encore plus vigoureux que les autres, elle vit M. de Merret derrière elle, pâle et menaçant.

Elle s'évanouit....

— Mettez madame sur son lit!.. dit froidement le rusé gentilhomme.

Prévoyant ce qui devait arriver pendant son absence, il avait tendu un piège à sa femme. Il avait tout bonnement écrit au maire, et envoyé chercher Duvivier....

Le bijoutier arriva au moment où le désordre de l'appartement venait d'être réparé.

— Duvivier, lui demanda le gentilhomme, n'avez-vous pas acheté des crucifix aux Espagnols qui ont passé par ici?

— Non, monsieur...

— C'est bien... je vous remercie.

— Jean, ajouta-t-il en se tournant vers son valet de confiance, vous ferez servir mes repas dans la chambre de madame de Merret, elle est malade, et je ne la quitterai pas qu'elle ne soit rétablie....

Le cruel gentilhomme resta pendant quinze jours près de sa femme; et, durant les six premiers jours, quand il se faisait quelque bruit dans le cabinet muré, et qu'elle voulait l'implorer pour l'inconnu mourant, il lui répondait, sans lui laisser dire un seul mot :

— Vous avez juré sur la croix qu'il n'y avait là personne !...

— Hé bien, mesdames, dit M. de Villaines, après un bref moment de silence pendant lequel chacun de ses auditeurs cherchait des critiques à faire, ou se remettait de ses émotions, est-ce une leçon ?... N'y a-t-il pas dans cette aventure, l'épouvantable angoisse que doivent donner les mensonges perpétuels auxquels vous condamnent une passion illégitime... Eh bien ! cette affreuse tragédie est moins horrible pour moi que le spectacle d'une jeune et jolie femme, encore pure, prête à devenir la proie d'un homme sans principes...

— Cette histoire est-elle vraie ?... demanda la maîtresse de la maison.

— Oui, répondit-il; mais qu'importe !...

M. de Villaines revint s'asseoir près de madame d'Esther. La conversation prit un autre cours; et, quelques instans après, des discussions s'élevèrent au sujet de ces deux histoires.

La jeune comtesse, saisissant un moment où personne ne faisait attention à elle, alla dans un boudoir voisin suivie du neveu d'un ex-pair de France.

Là, ils s'assirent ensemble sur le même divan, assez embarrassés, l'un et l'autre n'osant pas se parler ; mais comme le silence est très bavard entre un jeune homme et une jolie femme, la comtesse retrouva bientôt la parole.

— Monsieur, lui dit-elle d'un son de voix touchant, n'êtes-vous pas lié depuis long-temps avec M. de la Plaine...?

— Oui, madame.

— Et le connaissez-vous bien?...

— Oui...

— Alors je vous remercie, monsieur, du conseil indirect que vous m'avez donné. — Vous êtes mon véritable ami, vous!.. Vous avez raison : il n'y a pas de bonheur assez grand pour faire affronter les secrètes tortures que les passions nous font subir.

M. de Villaines, auquel il restait une ombre de pudeur dans l'âme, rougit du rôle qu'il venait de jouer ; et, dès ce moment il devint passionnément épris de madame d'Esther.

SCÈNE VIII.

LA BOURSE.

LA BOURSE.

Il est une heure délicieuse aux âmes faciles à s'épanouir, aux âmes fraîches, toujours jeunes et tendres ; cette heure, la plus indécise, la plus variable de toutes celles dont se compose une journée, arrive au moment où la nuit n'est pas encore et où le jour n'est plus. La lueur crépusculaire jette ses teintes molles, ses reflets bizarres sur tous les objets ; et, alors, de douces rêveries naissent entre ces milles piéges confus que produisent les combats de la lumière et de l'ombre. Le silence qui règne presque toujours pendant cet instant si fécond en inspirations, le rend encore plus cher aux artistes, aux peintres, aux statuaires. Alors, ils se recueillent ;

se mettent à dix pas de leurs œuvres; et, ne pouvant plus y travailler, ils les jugent en s'enivrant de leurs sujets avec délices.

Celui qui n'est pas demeuré pensif, près d'un ami, dans ce moment de songes poétiques, en comprendra difficilement les indicibles bénéfices. A la faveur du clair-obscur, les ruses matérielles, employées par l'art pour faire croire aux réalités de la vie, disparaissent entièrement. Alors, l'ombre devient ombre, le jour est jour, la chair est vivante, les yeux remuent, il y a du sang dans les veines, et les étoffes chatoient. L'imagination aide merveilleusement au naturel de chaque détail; elle ne voit plus que les beautés de l'œuvre; et, s'il s'agit d'un tableau, les personnages qu'il représente semblent et parler et marcher.

A cette heure, l'illusion règne despotiquement; elle se lève avec la nuit; n'est-elle pas pour la pensée une espèce de nuit à laquelle nous aimons à croire? Alors, l'illusion a des ailes, elle emporte l'âme dans le monde des fantaisies, monde fertile en voluptueux caprices, et où l'artiste oublie si bien le monde positif;

la veille, le lendemain, l'avenir, et jusqu'à ses créanciers.

Donc, à cette heure de magie, un jeune peintre, homme de talent, et, qui, dans l'art, ne voyait que l'art même, était monté sur la double échelle dont il se servait pour peindre une grande et haute toile, déjà riche de couleurs. Là, se critiquant, s'admirant avec bonne foi, nageant au cours de ses pensées, il s'était abîmé dans une de ces méditations qui ravissent l'âme et la grandissent, la caressent et la consolent. Sa rêverie dura long-temps sans doute; la nuit vint; et, soit qu'il voulût descendre de son échelle, soit qu'il eût fait un mouvement imprudent en se croyant sur le plancher, car l'évènement ne lui permit pas d'avoir un souvenir exact des causes de son accident, il tomba. Sa tête ayant porté sur un tabouret, il perdit connaissance, et resta sans mouvement pendant un laps de temps dont il ne put assigner la durée.

Il fut tiré par une douce voix de l'espèce d'engourdissement dans lequel il était plongé; et, lorsqu'il ouvrit les yeux, la vue d'une vive lumière les lui fit refermer promptement. Alors, à travers le voile dont ses sens étaient couverts, il entendit le chuchotement de deux femmes, et sentit le tact des mains jeunes, timides, entre lesquelles reposait sa tête. Enfin, ayant repris connaissance, il put apercevoir à la lueur d'une de ces vieilles lampes dites à *double courant d'air*, la plus délicieuse tête de jeune fille qu'il eût jamais vue, une de ces têtes qui souvent passent pour un caprice du pinceau, mais qui, tout-à-coup, réalisait, pour lui, les théories de son beau idéal; chaque artiste en a un, d'où procède son talent.

Le visage de l'inconnue appartenait, pour ainsi dire, au type fin et délicat de l'école de Prud'hon, et possédait, de plus, cette poésie fantastique dont Girodet se plaisait à revêtir ses figures. La fraîcheur des tempes, la régularité des sourcils, la pureté des lignes, la virginité fortement empreinte dans tous les traits de cette physionomie, faisaient, de la jeune fille, une création accomplie. Elle avait une taille souple et mince, des formes frêles. Ses vêtemens, quoique simples et propres, n'annonçaient ni la fortune ni la misère.

En reprenant possession de lui-même, le jeune peintre exprima son admiration par un regard de surprise, et balbutia de confus remerciemens. Il trouva son front pressé par un mouchoir, et reconnut, malgré l'odeur particulière aux ateliers, la senteur forte de l'éther, qui sans doute avait été employé pour le tirer de son évanouissement. Puis, il finit par voir une vieille femme, qui ressemblait aux marquises de l'ancien régime, et tenait la lampe, en donnant des conseils à la jeune fille.

— Monsieur, répondit celle-ci à l'une des demandes faites par le peintre pendant le moment où il était encore en proie à tout le vague que la chute avait produit dans ses idées ; ma mère et moi, nous avons entendu, le bruit lourd de votre corps sur le plancher ; puis, nous crûmes avoir distingué un gémissement ; et, comme ensuite tout rentra chez vous dans un silence effrayant, nous nous sommes empressées de monter. En trouvant la clef sur la porte, nous nous sommes heureusement permis d'entrer, car nous vous avons aperçu étendu par terre, sans mouvement ; et, dans le premier moment, nous avons eu bien peur pour vous... Ma mère a été chercher tout ce qu'il fallait pour faire une compresse et vous ranimer. — Vous êtes blessé au front... là... sentez-vous?

— Oui... — maintenant... dit-il.

— Oh! cela ne sera rien.... reprit la vieille mère... Votre tête, a, par bonheur, porté sur ce mannequin.

— Je me sens infiniment mieux!... répondit le peintre, et n'ai plus besoin que d'une voiture pour retourner chez moi. La portière ira m'en chercher une....

Il voulut réitérer ses remerciemens aux deux inconnues; mais à chaque phrase la vieille dame l'interrompait en disant:

— Demain, monsieur, ayez bien soin de mettre des sangsues ou de vous faire saigner... — Buvez quelques tasses d'arnica ou de vulnéraire...

La jeune fille gardait le silence. Elle regardait, à la dérobée, le peintre et les tableaux de l'atelier ; mais il y avait dans sa contenance et dans ses regards une décence parfaite. Sa curiosité ressemblait à de la distraction, et ses yeux paraissaient exprimer cet intérêt que les femmes portent, avec une spontanéité pleine de grâce, à tout ce qui est malheur en nous.

Les deux inconnues semblèrent oublier les œuvres du peintre, en présence du peintre souffrant ; et, lorsqu'il les eut rassurées sur sa situation, elles sortirent en l'examinant avec une douce sollicitude, également dénuée d'emphase et de familiarité, sans lui faire de questions indiscrètes et sans chercher à lui inspirer le désir de les connaître. Il y eut dans toutes leurs actions, un naturel exquis, un bon goût, des manières nobles et simples, qui, dans le moment, produisirent peu d'effet sur le peintre, mais qui, plus tard, l'intéressèrent vivement lorsqu'il redemanda les légers incidens de cette scène aux rêves de sa mémoire.

En arrivant à l'étage au-dessus duquel était situé l'atelier du peintre, la vieille femme s'écria doucement :

— Adélaïde, tu as laissé la porte ouverte...

— C'était pour me secourir!... répondit le peintre avec un sourire de reconnaissance.

— Ma mère! vous êtes descendue tout à l'heure!... répliqua la jeune fille en rougissant.

—Voulez-vous que nous vous accompagnions jusqu'en bas?... dit la mère au peintre. — L'escalier est si sombre!...

— Je vous remercie, madame... Je suis mieux.

— Tenez bien la rampe!...

Et, restant sur le pallier, les deux femmes éclairèrent le jeune homme en écoutant le bruit de ses pas...

Afin de faire comprendre tout ce que cette scène pouvait avoir de piquant et d'inattendu pour le peintre, il faut ajouter que depuis quelques jours seulement il avait installé son atelier dans le comble de cette maison, située à l'endroit le plus obscur, le plus étroit, le plus

boueux de la rue de Suresne, presque devant
l'église de la Madeleine, et à deux pas de son
appartement qui se trouvait rue des Champs-
Élysées.

La célébrité que son talent lui avait ac-
quise ayant fait de lui l'un des artistes les plus
chers à la France, il commençait à ne plus
connaître le besoin, et jouissait, selon son expression, de ses dernières misères... Alors, au
lieu d'aller travailler dans un de ces ateliers
situés près des barrières, et dont le loyer mo-
dique était jadis en rapport avec la modestie
de ses gains et de son nom, il avait satisfait à
un désir qui renaissait tous les jours, en s'é-
vitant une longue course, et la perte d'un temps
devenu, pour lui, plus précieux que jamais.

Personne au monde n'eût inspiré autant d'intérêt que Jules Schinner s'il eût consenti à se
faire connaître ; mais il ne confiait pas légèrement les secrets de sa vie.

Il était l'idole d'une mère pauvre qui l'avait
élevé au prix des plus dures privations. Mademoiselle Schinner, fille d'un fermier alsacien,
n'avait jamais été mariée. Son âme tendre fut

jadis cruellement froissée par un homme riche qui ne se piquait pas d'une grande délicatesse en amour... Le jour où, jeune fille, et dans tout l'éclat de sa beauté, dans toute la gloire de sa vie, elle subit, aux dépens de son cœur et de ses plus belles illusions, ce désenchantement qui nous atteint si lentement et si vite, parce que nous voulons croire le plus tard possible au mal, et qu'il nous semble toujours venu trop promptement; ce jour donc fut tout un siècle de réflexions; ce fut aussi le jour des pensées religieuses et de la résignation. Elle refusa les aumônes de celui qui l'avait trompée, renonça au monde, et se fit une gloire de sa faute. Elle se jeta tout entière dans l'amour maternel, en lui demandant, pour toutes les jouissances sociales qu'elle abdiquait, les secrètes délices d'une vie tranquille et inconnue...

Elle vécut de travail, accumulant un trésor dans son fils. Aussi, plus tard, un jour, une heure, lui paya les longs et lents sacrifices de son indigence... A la dernière exposition, son fils, Jules Schinner, avait reçu la croix de la Légion-d'Honneur; et les journaux, unanimes en faveur d'un talent ignoré, retentissaient encore de louanges sincères. Les artistes eux-mêmes reconnaissaient Schinner pour un maître, et ses tableaux étaient couverts d'or.

A vingt-cinq ans, Jules Schinner, auquel sa mère avait transmis une âme de femme, une grande délicatesse d'organes et d'immenses richesses de cœur, avait, mieux que jamais, compris sa situation dans le monde. Voulant rendre à sa mère toutes les jouissances dont la société l'avait privée pendant si long-temps, il vivait pour elle, espérant, à force de gloire et de fortune, la voir un jour heureuse, riche, considérée, entourée d'hommes célèbres.

Donc, Schinner avait choisi ses amis parmi les hommes les plus honorables et les plus distingués; il était difficile dans le choix de ses relations, et voulait encore élever sa position, déjà si haute par le talent. Le travail obstiné auquel il s'était voué dès sa jeunesse l'avait laissé dans les belles croyances qui décorent les premiers jours de la vie, en le forçant à demeurer dans la solitude, cette mère des grandes pensées. Son âme adolescente ne méconnaissait aucune des mille pudeurs qui font du jeune homme un

8.

être à part, dont le cœur abonde en félicités, en poésies, en espérances vierges, faibles aux yeux des gens blasés, mais profondes, parce qu'elles sont simples. Il avait été doué de ces manières douces et polies qui vont si bien à l'âme et séduisent ceux même dont elles ne sont pas comprises. Il était bien fait, modeste. Sa voix avait un timbre argenté. En le voyant, on se sentait porté vers lui par une de ces attractions morales que les savans ne savent heureusement pas encore analyser; ils y auraient trouvé quelque phénomène de galvanisme ou le jeu de je ne sais quel fluide, et nous formuleraient nos sentimens par des proportions d'oxigène et d'électricité.

Ces détails feront peut-être comprendre aux gens hardis par caractère et aux hommes bien cravatés, pourquoi, pendant l'absence du portier, qu'il avait envoyé chercher une voiture au bout de la rue de la Madeleine, Jules Schinner ne fit à la portière aucune question sur les deux personnes dont il venait d'éprouver le bon cœur. Mais quoiqu'il répondît par oui et non aux demandes, naturelles en semblable occurrence, qui lui furent faites par cette femme sur son accident et sur l'intervention officieuse des locataires qui occupaient le quatrième étage, il ne put l'empêcher d'obéir à l'instinct des portiers ; et, alors, elle lui parla des deux inconnues selon les intérêts de sa politique et les jugemens souterrains de la loge.

— Ah! dit-elle, c'est sans doute mademoiselle Leseigneur et sa mère!... Elles demeurent ici depuis quatre ans, et nous ne savons pas encore ce qu'elles font. Le matin, jusqu'à midi seulement, une vieille femme de ménage, à moitié sourde, et qui ne parle pas plus qu'un mur, vient les servir ; puis, le soir, deux ou trois vieux messieurs, décorés comme vous, monsieur... dont l'un a équipage, des domestiques, et auquel on donne aux environs de 5o,ooo livres de rente, arrivent chez elles, et restent souvent très tard... Du reste, ce sont des locataires bien tranquilles, comme vous, monsieur; mais dam', c'est économe, ça vit de rien... Aussitôt qu'il arrive une lettre, elles la paient. C'est drôle, monsieur, la mère se nomme autrement que sa fille... — Ah! quand elles vont aux Tuileries, mademoiselle est bien flambante, et elle ne sort pas de fois qu'elle ne soit suivie de jeunes gens, auxquels elle ferme la porte au nez... Mais c'est aussi que le propriétaire ne souffrirait pas...

La voiture étant arrivée, Jules n'en entendit pas davantage et revint chez lui. Sa mère, à laquelle il raconta son aventure, pansa de nouveau la blessure qu'il s'était faite à la tête, et ne lui permit pas de retourner le lendemain à son atelier. Elle appela le médecin. Consultation faite, diverses prescriptions furent faites, et Jules resta deux jours au logis.

Pendant cette réclusion forcée, son imagination inoccupée lui rappela vivement, et comme par fragmens, les détails de la scène qu'il avait eue sous les yeux après son évanouissement. Le profil de la jeune fille passait devant lui comme une vision; puis, il revoyait le visage flétri de la mère, ou sentait encore les mains douces d'Adélaïde; enfin, tantôt il retrouvait un geste dont il avait été peu frappé d'abord, et dont le souvenir lui révélait des grâces exquises; tantôt, une attitude ou les sons d'une voix mélodieuse; et le souvenir embellissait les moindres accidens de cet épisode.

Aussi, le surlendemain, quand il retourna de bonne heure à son atelier, la visite qu'il avait incontestablement le droit de faire à ses voisines était la véritable cause de son empressement, et il oubliait déjà ses tableaux commencés.

Au moment où une passion brise ses langes, il y a des plaisirs inexplicables ; mais tous ceux qui ont aimé doivent les comprendre. Aussi, quelques personnes sauront pourquoi le peintre monta lentement les marches du quatrième étage, et seront dans le secret des pulsations qui se succédèrent rapidement dans son cœur au moment où il vit la porte brune du modeste appartement qu'habitait mademoiselle Leseigneur.

Cette fille, qui ne portait pas le nom de sa mère, avait réveillé mille sympathies dans l'âme du jeune peintre. Voulant voir entre elle et lui quelques similitudes de position, il la dotait des malheurs de sa propre origine. Tout en travaillant, il se livra délicieusement à des pensées d'amour, et, dans un but qu'il ne s'expliquait pas trop, il fit beaucoup de bruit, comme pour obliger les deux dames à s'occuper de lui ainsi qu'il s'occupait d'elles. Il resta très tard à son atelier, il y dîna ; et, vers sept heures, descendit chez ses voisines.

Rarement les peintres de mœurs nous ont initié par la parole ou par leurs écrits à ces intérieurs vraiment curieux de certaines existences parisiennes, au secret de ces habitations d'où sortent de si fraîches, de si élégantes toilettes, des femmes si brillantes, qui, riches au dehors, voient partout, chez elles, les signes d'une fortune équivoque.

Si cette peinture se trouve ici un peu franchement dessinée, n'accusez pas la description de longueurs; car elle fait, pour ainsi dire, corps avec l'histoire. En effet, l'aspect de l'appartement habité par ses deux voisines influa beaucoup sur les sentimens et les espérances de Jules Schinner.

Et d'abord, la vérité historique oblige de dire que la maison appartenait à l'un de ces propriétaires chez lesquels préexiste une horreur profonde pour les réparations et les embellissemens, un de ces hommes qui considèrent leur position de propriétaires parisiens comme un état; dans la grande chaîne des espèces morales, ils tiennent le milieu entre l'avare et l'usurier. Optimistes par calcul, ils sont tous fidèles au *statu quo* de M. de Metternich! Si vous parlez de déranger un placard, une porte, ou de pratiquer la plus nécessaire des ventouses, leurs yeux vacillent, leur bile s'émeut, et ils se cabrent comme des chevaux effrayés. Quand le vent a renversé quelques faîteaux de leurs cheminées, ils sont malades, et se privent d'aller au Gymnase ou à la Porte-Saint-Martin pour cause de réparations.

Alors, Jules, qui, à propos des constructions et de certains embellissemens à faire dans son atelier, avait eu *gratis* la représentation d'une scène comique avec ce propriétaire, ancien chef au ministère de la guerre sous monsieur Carnot, Jules ne s'étonna pas des tons noirs et gras, des teintes huileuses, des taches et autres accessoires assez désagréables dont les boiseries étaient décorées. Ces stigmates de misère ne sont pas sans poésie aux yeux d'un artiste.

Mademoiselle Leseigneur vint elle-même ouvrir la porte. En voyant le jeune peintre, elle le salua, puis, en même temps, avec cette dextérité parisienne et cette présence d'esprit que donne la fierté, elle se retourna pour fermer la porte d'une cloison vitrée à travers laquelle Jules aurait pu voir quelques linges étendus sur des cordes, au-dessus des fourneaux économiques ; puis un vieux lit de sangles, la braise, le charbon, les fers à repasser, la fontaine filtrante ; enfin la vaisselle et tous les ustensiles particuliers aux petits ménages. Des rideaux de mousseline assez propres cachaient soigneusement ce *capharnaüm*, mot en usage pour désigner familièrement ces espèces de laboratoires ; celui-ci était éclairé par des jours de souffrance pris sur une cour voisine.

Avec ce coup-d'œil cruel d'observation et de rapidité que possèdent les artistes, Jules vit la destination, les meubles, l'ensemble et l'état de cette première pièce coupée en deux.

La partie honorable qui servait tout ensemble d'antichambre et de salle à manger, était tendue d'un vieux papier couleur aurore, à bordure veloutée, sans doute fabriqué par Réveillon, et dont les trous ou les taches avaient été soigneusement dissimulés sous des pains à cacheter. Des estampes représentant les batailles d'Alexandre par Lebrun, mais à cadres dédorés, garnissaient symétriquement les murs.

Au milieu de cette pièce était une table d'acajou massif, vieille de formes et à bords usés. Il y avait un petit poêle dans la cheminée, dont l'âtre contenait une armoire. Les chaises offraient, par un contraste bizarre, quelques vestiges d'une splendeur passée : elles étaient en acajou assez bien sculpté, mais le maroquin rouge du siége, les clous dorés et les cannetilles avaient de nombreuses cicatrices comme de vieux sergens impériaux.

Puis, il y avait dans cette pièce de ces choses qui ne se trouvent que dans ces sortes de ménages amphibies, objets innomés, participant du luxe et de la misère. Ainsi Jules vit une très belle longue-vue, magnifiquement ornée, suspendue au-dessus de la petite glace verdâtre qui décorait la cheminée.

Enfin, pour appareiller ce mobilier étrange,

il y avait entre la cheminée et la cloison un mauvais buffet peint, imitant l'acajou, celui de tous les bois qu'on réussit le moins à simuler. Mais le carreau rouge et glissant, mais les méchans petits tapis placés devant les chaises, mais les meubles, tout reluisait de cette propreté frotteuse qui donne un faux lustre aux vieilleries et en accuse encore mieux les défectuosités, l'âge et les longs services.

Il régnait dans cette pièce une senteur indéfinissable qui résultait nécessairement des exhalaisons du capharnaüm mêlées aux vapeurs de la salle à manger et de l'escalier. Cependant la fenêtre était entr'ouverte et l'air de la rue agitait les rideaux de percale soigneusement étendus, de manière à cacher l'embrasure où tous les précédens locataires avaient signé leur présence par différentes incrustations, espèces de fresques domestiques.

Adélaïde ouvrit promptement la porte de l'autre pièce, et y introduisit le peintre avec un certain plaisir.

Jules ayant vu jadis chez sa mère les mêmes signes d'indigence, et les ayant remarqués avec la singulière vivacité d'impression qui caractérise les premières acquisitions de notre mémoire, entra mieux que tout autre ne l'aurait fait dans les détails de cette existence, et, en reconnaissant les choses de sa vie d'enfance, il n'eut ni mépris de ce malheur caché, ni orgueil du luxe dont il avait récemment entouré sa mère.

— Eh bien! monsieur, j'espère que vous ne vous sentez plus de votre chute... lui dit la vieille mère en se levant d'une antique bergère placée au coin de la cheminée, et en lui présentant un fauteuil.

— Non, madame, et je viens vous remercier des bons soins que vous m'avez donnés; surtout mademoiselle, qui m'a entendu tomber...

En disant cette phrase empreinte de l'adorable stupidité que donnent à l'âme les premiers troubles de l'amour vrai, Jules regardait la jeune fille; mais Adelaïde allumait la *lampe à double courant d'air*, afin de faire disparaître un grand martinet de cuivre et sa chandelle ornée de quelques cannelures saillantes par un coulage extraordinaire.

Elle salua légèrement, alla mettre le martinet dans l'antichambre, revint placer la lampe sur la cheminée, et s'assit près de sa mère, un peu en arrière du peintre, afin de pouvoir le regarder à son aise. Mais il y avait une grande glace sur la cheminée ; et, Jules y ayant promptement jeté les yeux pour voir Adélaïde, cette petite ruse de jeune fille ne servit qu'à les embarrasser tous deux alternativement.

En causant avec madame Leseigneur, car Jules lui donna ce nom à tout hasard, il examina le salon, mais décemment et à la dérobée. Le foyer était plein de cendres, et sur des chenets de fer à figures égyptiennes, deux tisons essayaient de se rejoindre devant une bûche de terre, enterrée aussi soigneusement que peut l'être le trésor d'un avare. Heureusement un vieux tapis d'Aubusson bien raccommodé, bien passé, usé comme l'habit d'un invalide, était posé sur le carreau dont il amortissait la froideur. Les murs avaient pour ornement un papier rougeâtre figurant une étoffe de lampasse à dessins jaunes. Au milieu de la paroi opposée à celle où étaient les fenêtres, Jules vit une fente et les plis faits par les deux portes d'une alcôve, où sans doute se trouvait le lit de madame Leseigneur. Un canapé placé devant cette ouverture secrète la déguisait imparfaitement. En face de la cheminée, il y avait une très belle commode en acajou, dont les ornemens ne manquaient ni de richesse ni de bon goût ; un portrait était accroché au-dessus, et représentait un militaire de haut grade : mais le peu de lumière ne permit pas au peintre de distinguer à quelle arme il appartenait. C'était, du reste, une effroyable croûte, plutôt faite en Chine qu'à Paris. Les rideaux des fenêtres étaient en soie rouge, mais décolorés comme le meuble en tapisserie jaune et rouge qui garnissait ce salon à deux fins. Sur le marbre de la commode, un précieux plateau de malachite verte supportait une douzaine de tasses à café, magnifiques de peinture, et sans doute faites à Sèvres ; puis, sur la cheminée, il y avait l'éternelle pendule de l'empire, un guerrier guidant les quatre chevaux d'un char, dont chaque rais de la roue porte le chiffre d'une heure. Les bougies des flambeaux étaient jaunies par la fumée, et à chaque coin du chambranle de la cheminée s'élevait un vase en porcelaine dans lequel se trouvait un bouquet de fleurs artificielles plein de poussière et garni de mousse. Au milieu de la pièce, Jules remarqua une table de jeu tout ouverte et des cartes neuves.

Pour un observateur, il y avait je ne sais quoi de désolant dans le spectacle de cette misère fardée comme une vieille femme qui veut faire mentir son visage. A ce spectacle, tout homme de bon sens se serait proposé secrètement et tout d'abord cet espèce de dilemme : ou ces deux femmes sont la probité même, ou elles vivent d'intrigues et du jeu ; mais, en voyant Adélaïde, un jeune homme aussi pur que l'était Jules devait croire à l'innocence la plus parfaite, et prêter aux incohérences de ce mobilier les plus honorables causes.

— Ma fille, dit la vieille dame à la jeune personne, j'ai froid ; faites-nous un peu de feu, et donnez-moi mon schall.

Adélaïde alla dans une chambre contiguë au salon, et où sans doute elle couchait ; puis, elle revint, apportant à sa mère un schall de cachemire qui jadis avait dû valoir la rançon d'un roi. Jules ne se souvint pas d'avoir vu des couleurs aussi riches, des dessins aussi achevés que ceux de ce beau tissu ; mais il était vieux, sans fraîcheur, plein de reprises habilement faites, et s'harmoniait parfaitement avec tous les meubles. Madame Leseigneur s'en enveloppa très artistement et avec une adresse de vieille femme qui aurait pu faire croire à la vérité de ses paroles. La jeune fille courut lestement au capharnaüm, et reparut avec une poignée de menu bois qu'elle jeta dans le feu, pour le rallumer.

Il serait assez difficile de traduire la conversation qui eut lieu entre ces trois personnes. Guidé par ce tact que donnent presque toujours les malheurs éprouvés dès l'enfance, Jules n'osait se permettre la moindre observation relative à la position de ses voisines, en voyant autour de lui tous les symptômes d'une gêne affreuse, mal déguisée ; car la plus simple question eût été indiscrète et ne devait être faite que par une amitié déjà vieille. Cependant, le peintre était profondément préoccupé de cette misère cachée ; son âme généreuse en souffrait ; mais sachant tout ce que la pitié, même la plus amie, peut avoir d'offensif, il se trouvait mal à l'aise du désaccord qui existait entre ses pensées et ses paroles. Les deux dames parlèrent d'abord de peinture, car les femmes devinent très bien les secrets embarras que cause une première visite, parce qu'elles les éprouvent peut-être; et la nature de leur esprit leur fournit mille ressources pour les faire cesser. En interrogeant le jeune homme sur les procédés matériels de son art, sur ses études, Adélaïde et sa mère surent l'enhardir à causer; et les riens indéfinissables de leur conversation, animée de bienveillance, l'amenèrent tout naturellement à faire des remarques, des réflexions qui peignirent la nature de ses mœurs intimes et de son âme.

La vieille dame avait dû être belle, mais de secrets chagrins ayant flétri et ridé son visage avant le temps, il ne lui restait plus que les traits saillans, les contours, en un mot le squelette d'une physionomie, dont l'ensemble indiquait une grande finesse, beaucoup de grâces dans le jeu des yeux, et qui se ressentait de cette expression particulière aux femmes de l'ancienne cour, que rien ne saurait définir. Mais l'ensemble de ces traits si fins, si déliés, pouvait tout aussi bien dénoter des sentimens mauvais, faire supposer l'astuce et la ruse féminines à un haut degré de perversité. En effet, le visage de la femme a cela d'embarrassant pour les observateurs vulgaires, que la différence entre la franchise et la duplicité, entre le génie de l'intrigue et le génie du cœur, y est imperceptible. Il faut savoir deviner ces nuances insaisissables. C'est tantôt une ligne plus ou moins courbe, une fossette plus ou moins creuse, une saillie plus ou moins bombée ou proéminente; et l'appréciation de ces diagnostics est tout entière dans le domaine de la vue; les yeux peuvent seuls nous faire découvrir ce que chacun est intéressé à cacher, et la science de l'observateur gît dans la rapide perspicacité de son coup-d'œil.

Donc, il en était du visage de cette vieille dame comme de l'appartement qu'elle habitait; il semblait aussi difficile de savoir si cette misère couvrait des vices ou une haute probité, que de reconnaître si la mère d'Adélaïde était une ancienne coquette habituée à tout peser, à tout calculer, à tout vendre, ou une femme aimante, faible, pleine de grâce et de délicatesse. Mais à l'âge de Jules Schinner, le premier mouvement du cœur est de croire au bien; aussi, en contemplant le front noble et presque dédaigneux d'Adélaïde, en regardant ses yeux pleins d'âme et de pensées, il respira, pour ainsi dire, les suaves et modestes parfums de la vertu.

Au milieu de la conversation, il saisit l'occasion de parler des portraits en général pour avoir le droit d'examiner l'effroyable pastel, dont toutes les teintes avaient pâli, et dont la poussière était en grande partie tombée.

— Vous tenez sans doute à cette peinture en faveur de la ressemblance, mesdames, car le dessin en est horrible... dit-il en regardant Adélaïde.

— Elle a été faite à Calcutta, en grande hâte!... répondit la mère d'une voix émue.

Puis, elle contempla l'esquisse informe avec cet abandon profond que donnent les souvenirs de bonheur quand ils se réveillent tous, soudain, et qu'ils tombent sur le cœur comme une bienfaisante rosée, aux douces et fraîches impressions de laquelle on aime à s'abandonner ; mais il y avait aussi dans l'expression du visage de la vieille dame les vestiges d'un deuil éternel ; ou, du moins, ce fut ainsi que le peintre comprit l'attitude et la physionomie de sa voisine. Alors, il vint s'asseoir près d'elle, et lui dit d'une voix amie :

— Madame, encore un peu de temps, et les couleurs de ce pastel auront disparu. — Le portrait n'existera plus que dans votre mémoire ; et, là où vous verrez une figure qui vous est chère, les autres ne pourront plus rien apercevoir... Voulez-vous me permettre de transporter cette ressemblance sur la toile ? elle y sera plus solidement fixée que sur ce papier... Accordez-moi, en faveur de notre voisinage, le plaisir de vous rendre ce service... Il y a des heures pendant lesquelles un artiste aime à se délasser de ses grandes compositions par des travaux d'une portée moins élevée... Ce sera pour moi une distraction que de refaire cette tête...

La vieille dame tressaillit en entendant ces

paroles, et Adélaïde jeta sur le peintre, mais à la dérobée, un de ces regards recueillis qui semblent être un jet de l'âme.

Jules voulait appartenir à ses deux voisines par quelque lien, et conquérir le droit de se mêler à leur vie; or, son offre, en s'adressant aux plus vives affections du cœur, était la seule qu'il lui fût possible de faire; elle contentait sa fierté d'artiste, et n'avait rien de blessant pour les deux dames.

Madame Leseigneur accepta.

— Il me semble, dit Jules, que cet uniforme est celui d'un officier de marine?...

— Oui, dit-elle, c'est celui des capitaines de vaisseau. — M. de Rouville, mon mari, est mort à Batavia des suites d'une blessure reçue dans un combat contre un vaisseau anglais qui le rencontra sur les côtes d'Asie... Il montait une frégate de soixante canons, et le *Revenge* était un vaisseau de quatre-vingt-seize, la lutte fut très inégale; mais M. de Rouville se défendit si courageusement, qu'il la maintint jusqu'à la nuit, et put échapper. Quand je revins en France, Bonaparte n'avait pas encore le pouvoir, et l'on me refusa une pension... Lorsque, dernièrement, je la sollicitai de nouveau, le ministre me dit avec dureté que si le baron de Rouville eût émigré, je l'aurais conservé; qu'il serait sans doute aujourd'hui contre-amiral; enfin, Son Excellence a fini par m'opposer je ne sais quelle loi sur les déchéances... Si j'ai fait cette démarche, c'était pour ma pauvre Adélaïde; puis, des amis m'y avaient poussée... Quant à moi, j'ai toujours eu de la répugnance à tendre la main au nom d'une douleur qui ne doit laisser ni force ni voix à une femme... Je n'aime pas cette évaluation pécuniaire d'un sang irréparablement versé...

— Ma mère, ce sujet de conversation vous fait toujours mal...

Sur ce mot d'Adélaïde, la baronne de Rouville inclina la tête et garda le silence.

— Monsieur, dit la jeune fille à Jules, je croyais que les travaux des peintres étaient en général peu bruyans?... Est-ce que vous...?

A cette question, Schinner se prit à rougir,

et sourit; mais Adélaïde n'acheva pas, et lui sauva quelque mensonge, en se levant tout-à-coup au bruit d'une voiture qui s'arrêtait à la porte. Elle alla dans sa chambre, puis en revint aussitôt tenant deux flambeaux dorés garnis de bougies entamées, qu'elle alluma promptement, et mit la lampe dans la première pièce, dont elle ouvrit la porte, sans attendre les tintemens de la sonnette. Le bruit d'un baiser reçu et donné retentit jusque dans le cœur de Jules. L'impatience que le jeune homme eut de voir celui qui traitait si familièrement Adélaïde ne fut pas promptement satisfaite, car les arrivans eurent avec la jeune fille une conversation à voix basse qu'il trouva bien longue... Enfin, elle reparut suivie de deux personnages dont le costume, la physionomie et l'aspect étaient toute une histoire.

Le premier, homme âgé d'environ soixante ans, portait un de ces habits inventés, je crois, pour Louis XVIII, alors régnant, et dans lesquels le problème vestimental le plus difficile avait été résolu par un tailleur qui devrait être immortel. Cet artiste connaissait, à coup sûr, l'art des transitions, qui a été tout

le génie de ce temps si politiquement mobile ;
et c'est un bien rare mérite que de savoir juger
son époque. Donc, cet habit, dont il est peu de
jeunes gens qui n'aient gardé le souvenir, n'était
ni civil ni militaire, et pouvait passer tour à tour
pour militaire et pour civil. Des fleurs de lis
brodées ornaient les retroussis des deux pans
de derrière ; les boutons dorés étaient également
fleurdelisés ; et il y avait sur les épaules
deux attentes vides qui demandaient des épaulettes
absentes : — ces deux symptômes de milice
étaient là comme une pétition sans apostille...
Il est inutile d'ajouter que le pantalon et
l'habit du vieillard étaient bleu de roi ; qu'il
avait à sa boutonnière une croix de Saint-Louis,
allait tête nue, portait à la main un chapeau
à trois cornes garni de sa ganse d'or, et
que ses cheveux étaient poudrés. Du reste, il
semblait ne pas avoir plus de cinquante ans, et
paraissait jouir d'une santé robuste. Sa physionomie,
tout en accusant le caractère loyal et
franc des vieux émigrés, dénotait aussi les
mœurs libertines et faciles, les passions gaies et
l'insouciance de ces mousquetaires si célèbres
jadis dans les fastes de la galanterie. Ses gestes,
son allure, ses manières annonçaient qu'il n'a-

vait point encore renoncé aux prétentions de son jeune âge, et qu'il était décidé à ne se corriger ni de son royalisme, ni de sa religion, ni de ses amours.

Une figure toute fantastique le suivait, et pour la bien peindre, il faudrait en faire l'objet principal du tableau, dont elle n'est cependant qu'un accessoire.

Figurez-vous un personnage sec et maigre, vêtu comme l'était le premier, mais n'en étant pour ainsi dire que le reflet, ou l'ombre si vous voulez. L'habit, neuf chez l'un, se trouvait vieux et flétri chez l'autre; la poudre des cheveux semblait moins blanche chez le second, l'or des fleurs-de-lis moins éclatant, les attentes de l'épaulette plus désespérées, plus recroquevillées, l'intelligence plus faible, la vie plus avancée vers le terme fatal, que chez le premier. Enfin, il réalisait admirablement bien ce mot de Rivarol sur Champcenetz : « C'est mon clair » de lune... » Il n'était que le double de l'autre; et il y avait entre eux toute la différence qui existe entre la première et la dernière épreuve d'une lithographie.

Ce vieillard muet fut un mystère pour le peintre, et resta constamment un mystère; car il ne parla pas, et personne n'en parla. Était-ce un ami?... Un parent pauvre?... Un homme qui restait près du vieux galant comme une demoiselle de compagnie près d'une vieille femme? Tenait-il le milieu entre le chien, le perroquet et l'ami?... Avait-il sauvé la fortune ou seulement la vie de son bienfaiteur? Était-ce le *Trim* d'un autre capitaine Tobie?... Ailleurs, comme chez la baronne de Rouville, il excitait toujours la curiosité sans jamais la satisfaire.

Le personnage qui paraissait être le plus neuf de ces deux débris s'avança galamment vers la baronne de Rouville, lui baisa la main, et s'assit à côté d'elle; l'autre la salua, et se mit près de son type à une distance représentée par la place de deux chaises.

Adélaïde vint appuyer ses coudes sur le dossier du fauteuil occupé par le vieux gentilhomme, en imitant, sans le savoir, la pose que Guérin a donnée à la sœur de Didon dans son célèbre tableau.

La familiarité du gentilhomme était celle

d'un frère, et il prenait certaines libertés avec Adélaïde qui, pour le moment, parurent déplaire à la jeune fille.

— Eh bien! tu me boudes?... dit-il.

Puis, tout en causant, il jetait sur Jules Schinner de ces regards obliques, pleins de finesse et de ruse, regards diplomatiques dont l'expression trahit toujours une prudente inquiétude.

— Vous voyez notre voisin, lui dit la vieille dame en lui montrant Jules Schinner. Et monsieur est un peintre célèbre, dont le nom doit être connu de vous malgré votre insouciance pour les arts...

Le gentilhomme reconnaissant la malice de sa vieille amie dans l'omission qu'elle faisait du nom, salua le jeune homme.

— Certes! dit-il, j'ai beaucoup entendu parler de ses tableaux au dernier salon... Le talent a de beaux priviléges, monsieur, ajouta-t-il en regardant le ruban rouge de Jules, et cette distinction qu'il nous faut acquérir au prix de notre sang et de longs services, vous l'obtenez jeune... mais toutes les gloires sont sœurs...

Et le gentilhomme porta les mains à sa croix de Saint-Louis.

Jules balbutia quelques paroles de remerciement, et rentra dans son silence, se contentant d'admirer avec un enthousiasme croissant la belle tête de jeune fille dont il était charmé. Bientôt il s'abîma dans cette contemplation, en oubliant la misère profonde du logis ; car, pour lui, le visage d'Adélaïde se détachait, sur une atmosphère lumineuse. Il répondit brièvement aux questions qui lui furent adressées et qu'il entendit heureusement, grâce à une singulière faculté de notre âme, dont la pensée peut en quelque sorte se dédoubler parfois. A qui n'est-il pas arrivé de rester plongé dans une méditation voluptueuse ou triste, d'en écouter la voix en soi-même, et d'assister à une conversation ou à une lecture? Admirable dualisme qui souvent aide à prendre les ennuyeux en patience! Féconde et riante, l'espérance lui versa mille pensées de bonheur, et il ne voulut rien observer autour de lui ; car il avait encore un cœur enfant et plein de confiance.

Après un certain laps de temps, il s'aperçut que la vieille dame et sa fille jouaient avec le vieux gentilhomme. Quant au satellite de celui-ci, fidèle à son état d'ombre, il se tenait debout derrière son ami, dont il regardait le jeu, répondant aux muettes questions que lui faisait le joueur par de petites grimaces approbatives qui répétaient les mouvemens interrogateurs de l'autre physionomie.

— Je perds toujours!... disait le gentilhomme.

— Vous écartez mal!... répondait la baronne de Rouville.

— Voilà trois mois que je n'ai pas pu vous gagner une seule partie!... reprit-il.

— Avez-vous les as?... demanda la vieille dame.

— Oui. Encore un marqué!... dit-il.

— Voulez-vous que je vous conseille? disait Adélaïde.

— Non! non!... Reste devant moi! Palsambleu, ce serait trop perdre que de ne pas t'avoir en face!...

Enfin la partie finit, le gentilhomme tira sa bourse, et, jetant deux louis sur le tapis, non sans humeur :

— Quarante francs, juste comme de l'or!... dit-il. Ah! diable! il est onze heures!...

—Il est onze heures!... répéta le personnage muet en regardant Jules Schinner.

Le jeune homme, entendant cette parole un peu plus distinctement que toutes les autres, pensa qu'il était temps de se retirer. Rentrant alors dans le monde des idées vulgaires, il trouva quelques lieux communs pour prendre la parole, salua la baronne, sa fille, les deux inconnus, et sortit, en proie aux premières félicités de l'amour vrai, sans chercher à s'analyser les petits évènemens qui s'étaient passés sous ses yeux pendant cette soirée.

Le lendemain, le jeune peintre éprouva le désir le plus violent de revoir Adélaïde; et, s'il avait écouté sa passion, il serait entré chez ses voisines dès six heures du matin, en arrivant à son atelier.

Il eut cependant encore assez de raison pour attendre jusqu'à l'après-midi; mais, aussitôt qu'il crut pouvoir se présenter chez madame de Rouville, il descendit, sonna, non sans quelques larges battemens de cœur; et, rougissant comme une jeune fille, il demanda timidement le portrait du baron de Rouville à mademoiselle Leseigneur, qui était venue lui ouvrir.

— Mais, entrez!... lui dit Adélaïde, qui avait sans doute entendu Jules descendre de son atelier.

Et le peintre la suivit, honteux, décontenancé, ne sachant rien dire; tant le bonheur le rendait stupide. Voir Adélaïde, écouter le frissonnement de sa robe, après avoir désiré pendant toute une matinée être près d'elle, après s'être levé cent fois en disant : — Je descends!... et n'être pas descendu; c'était, pour lui, vivre si richement, que de telles sensations trop prolongées lui auraient usé l'âme. Le cœur a la singulière puissance de donner un prix extraordinaire à des riens. Quelle joie, n'est-ce pas, pour un voyageur, de recueillir un brin d'herbe, une feuille inconnue, s'il a risqué sa vie dans cette recherche! Les riens de l'amour sont ainsi!...

La vieille dame n'était pas dans le salon. Quand la jeune fille s'y trouva seule avec le peintre, elle apporta une chaise pour avoir le portrait, mais elle s'aperçut qu'il fallait mettre le pied sur la commode pour le décrocher; alors, après avoir fait le geste de monter, elle se retourna vers Jules, et lui dit en rougissant : — Je ne suis pas assez grande... Prenez-le!...

Un sentiment de pudeur dont témoignaient l'expression de sa physionomie et l'accent de sa voix, était le véritable motif de sa demande;

et Jules, la comprenant ainsi, lui jeta un de ces regards intelligens qui sont le plus doux langage de l'amour. Adélaïde voyant que le peintre l'avait devinée, baissa les yeux par un mouvement de fierté dont les jeunes filles ont seules le secret.

Alors, ne trouvant pas un mot à dire, et presque intimidé, le peintre prit le tableau, l'examina gravement en le mettant au jour près de la fenêtre, et s'en alla sans dire autre chose à mademoiselle Leseigneur que : « Je vous le rendrai bientôt. » Tous deux avaient, pendant ce rapide instant, ressenti l'une de ces commotions vives, dont les effets dans l'âme peuvent se comparer à ceux que produit une pierre jetée au fond d'un lac : les réflexions les plus douces naissent et se succèdent, indéfinissables, multipliées, sans but, agitant le cœur comme les rides circulaires qui plissent long-temps l'onde, en partant du point où la pierre est tombée.

Jules Schinner revint dans son atelier armé de ce portrait, et il est inutile de dire que déjà son chevalet avait été garni d'une toile, qu'une palette était déjà chargée de couleurs, les pinceaux nettoyés, la place et le jour choisis... Aussi, jusqu'à l'heure du dîner, travailla-t-il au portrait avec cette ardeur que les artistes mettent à tous leurs caprices.

Le soir, il revint chez la baronne de Rouville, y resta depuis neuf heures jusqu'à onze; et, sauf les différens sujets de conversation, cette soirée ressembla fort exactement à la précédente. Les deux vieillards vinrent à la même heure; la même partie de piquet eut lieu; les mêmes phrases furent dites par les joueurs; la somme perdue par l'ami d'Adélaïde fut aussi considérable que celle perdue la veille; seulement Jules, un peu plus hardi, osa causer avec la jeune fille.

Huit jours se passèrent ainsi, pendant lesquels les sentimens du peintre et ceux d'Adélaïde subirent ces délicieuses et douces transformations qui amènent les âmes à une parfaite entente. Aussi, de jour en jour, le regard par lequel Adélaïde accueillait Jules était devenu plus intime, plus confiant, plus gai, plus franc; puis, sa voix, ses manières eurent quelque chose de plus onctueux, de plus familier. Tous deux riaient, causaient, se communiquaient leurs pensées, parlaient d'eux-mêmes avec la naïveté de deux enfans qui, dans l'espace d'une journée, ont fait connaissance, comme s'ils s'étaient vus depuis trois ans. Jules jouait au piquet; et, comme le vieillard, il perdait presque toutes les parties; car ignorant et novice, il faisait naturellement école sur école. Sans s'être encore confié leur amour, les deux amans savaient qu'ils s'appartenaient l'un à l'autre. Jules avait exercé son pouvoir avec bonheur sur sa timide amie, et bien des concessions lui avaient été faites par Adélaïde, qui, craintive et dévouée, était dupe de ces fausses bouderies dont l'amant le moins habile, dont la jeune fille la plus naïve, possèdent les secrets et dont ils se servent sans cesse, comme les enfans gâtés abusent de la puissance que leur donne l'amour de leurs mères. Ainsi, toute familiarité avait cessé entre le gentilhomme et Adélaïde. La jeune fille avait naturellement compris les tristesses du peintre et toutes les pensées cachées dans les plis de son front, dans l'accent brusque du peu de mots qu'il disait, lorsque le vieillard baisait sans façon les mains ou le cou d'Adélaïde.

De son côté, mademoiselle Leseigneur demandait à son amant un compte sévère de ses moindres actions. Elle était si malheureuse, si inquiète quand Jules ne venait pas, et elle savait si bien le gronder, que le peintre cessa de voir ses amis et d'aller dans le monde. Adélaïde laissa percer la jalousie naturelle aux femmes en apprenant que parfois, en sortant de chez madame de Rouville, à onze heures, Jules faisait encore des visites et parcourait les salons les plus brillans de Paris. D'abord, elle prétendit que ce genre de vie était mauvais pour la santé; puis, elle trouva moyen de lui dire avec cette conviction profonde à laquelle l'accent, le geste et le regard d'une personne aimée donnent tant de pouvoir : — « qu'un homme obligé de partager entre tant de femmes son temps et les grâces de son esprit, ne pouvait pas être l'objet d'une affection bien vive. » Alors Jules fut amené, autant par le despotisme de la passion que par les exigences d'une jeune fille aimante, à ne vivre que dans ce petit appartement, où tout lui plaisait. Enfin, jamais amour ne fut ni plus pur ni plus ardent. De part et d'autre, une même foi, une même délicatesse, firent croître cette passion vierge sans le secours de ces sacrifices par lesquels beaucoup de gens cherchent à se prouver leur amour. Entre eux, il existait un échange continuel de sensations douces, et ils ne savaient qui donnait ou qui recevait le plus : un penchant involontaire rendait l'union de leurs âmes toujours plus étroite.

Le progrès de ce sentiment vrai fut si rapide, que vingt jours après l'accident auquel Jules avait dû le bonheur de connaître Adélaïde, leur vie était devenue une même vie. Dès le matin, la jeune fille entendant le pas du peintre, pouvait se dire : — Il est là!... Quand Jules retournait chez sa mère à l'heure du dîner, il ne manquait jamais de venir saluer ses voisines ; et, le soir, il accourait à l'heure accoutumée avec une ponctualité d'amant. Ainsi, la femme la plus tyrannique et la plus ambitieuse en amour n'aurait pu faire le plus léger reproche au jeune peintre. Aussi, Adélaïde savourait un bonheur sans nuages et sans bornes, en voyant se réaliser dans toute son étendue l'idéal qu'il est si naturel de rêver à son âge.

Le vieux gentilhomme venait moins souvent, et Jules n'en étant plus jaloux, l'avait remplacé le soir, au tapis vert, dans son malheur constant au jeu.

Cependant au milieu de son bonheur, en songeant à la désastreuse situation de madame de Rouville, car il avait acquis plus d'une preuve de sa détresse, il ne pouvait chasser une pensée importune; et, déjà plusieurs fois, il s'était dit en s'en allant : — Comment, vingt francs tous les soirs!... Et il n'osait s'avouer à lui-même d'odieux soupçons.

Jules employa tout un mois à faire le portrait. Quand il fut fini, verni, encadré, il le regarda comme un de ses meilleurs ouvrages. Madame la baronne de Rouville ne lui en avait plus parlé. — Était-ce insouciance ou fierté ?... Le peintre ne voulut pas s'expliquer ce silence.

Il complota joyeusement avec Adélaïde de mettre le portrait en place, pendant une absence de madame de Rouville. Le jour choisi fut le 8 juillet; et, durant la promenade que sa mère faisait ordinairement aux Tuileries, Adélaïde monta seule, pour la première fois, à l'atelier de Jules, sous prétexte de voir le portrait dans le jour favorable sous lequel il avait été achevé.

Elle demeura muette et immobile, en proie à une contemplation délicieuse où se fondaient, en un seul, tous les sentimens de la femme; car ils se résument tous dans une juste admiration pour l'homme aimé.

Lorsque le peintre, inquiet de ce silence, se pencha pour voir la jeune fille, elle lui tendit la main..., sans pouvoir dire un mot; mais deux larmes étaient tombées de ses yeux. Jules lui prit la main, la couvrit de baisers; et, pendant un moment, ils se regardèrent en silence, voulant tous deux s'avouer leur amour, et ne l'osant pas... Le peintre, ayant gardé la main d'Adélaïde dans les siennes, une même chaleur, un même mouvement leur apprit que leurs cœurs battaient aussi fort l'un que l'autre. Trop émue, la jeune fille s'éloigna doucement de Jules, et dit en lui jetant un regard plein de naïveté :

— Vous allez rendre ma mère bien heureuse !...

—Quoi! votre mère seulement?... demanda-t-il.

— Oh!... moi!... — je le suis...

Le peintre baissa la tête et resta silencieux, effrayé de la violence des sentimens que l'accent de cette phrase réveilla dans son cœur. Alors comprenant tous deux le danger de cette situation, ils descendirent et mirent le portrait à sa place.

Jules dîna pour la première fois avec la baronne et sa fille. Il fut fêté, complimenté par madame de Rouville avec une bonhomie rare. Dans son attendrissement et tout en pleurs, la vieille dame voulut l'embrasser.

Le soir, le vieil émigré, ancien camarade du baron de Rouville, avec lequel il avait vécu fraternellement, fit à ses deux amies une visite pour leur apprendre qu'il venait d'être nommé contre-amiral; ses navigations terrestres à travers l'Allemagne et la Russie lui ayant été comptées comme des campagnes navales. A l'aspect du portrait, il serra cordialement la main du peintre, et s'écria :

— Ma foi! quoique ma vieille carcasse ne vaille pas la peine d'être conservée, je donnerais bien cinq cents pistoles pour me voir aussi ressemblant que l'est mon vieux Rouville.

A cette proposition, la baronne regarda son ami, et sourit en laissant éclater sur son visage les marques d'une soudaine reconnaissance. Jules crut deviner que le vieil amiral voulait lui offrir le prix des deux portraits en payant le sien; alors sa fierté d'artiste, tout autant que sa jalousie peut-être, s'offensant de cette pensée, il répondit:

— Monsieur, si je peignais le portrait, je n'aurais pas fait celui-ci....

L'amiral se mordit les lèvres, et se mit à jouer... Jules resta près d'Adélaïde, qui lui proposa de faire une partie, et il accepta. Le peintre observa chez madame de Rouville une ardeur pour le jeu qui le surprit; car elle n'avait jamais autant montré le désir de gagner; et elle gagna. Pendant cette soirée, de mauvais soupçons vinrent troubler le bonheur de Jules, et lui donnèrent de la défiance. Madame de Rouville vivrait-elle donc du jeu?... Ne jouait-elle pas en ce moment pour acquitter quelque dette, ou poussée par quelque nécessité? Peut-être n'avait-elle pas payé son loyer?... Ce vieillard paraissait être assez fin pour ne pas se laisser impunément prendre son argent!... Quel pouvait donc être l'intérêt qui l'attirait dans cette maison pauvre, lui riche...? Pourquoi jadis était-il si familier près d'Adélaïde, et pourquoi soudain avait-il renoncé à des privautés acquises, et dues peut-être!

Toutes ces réflexions lui vinrent involontairement, et l'excitèrent à examiner avec une nouvelle attention le vieillard et la baronne. Il fut mécontent de leurs airs d'intelligence et des regards obliques qu'ils jetaient sur Adélaïde et sur lui.

— Me tromperait-on?... fut pour Jules une dernière idée, horrible, flétrissante, et à laquelle il crut précisément assez pour en être torturé. Il resta le dernier. Ayant perdu cent sous, il avait tiré sa bourse pour payer Adélaïde; en ce moment, emporté par ses pensées poignantes, il mit sa bourse sur la table, tomba dans une rêverie qui dura peu, mais qui le rendit honteux de son silence; alors, ne pensant plus à sa bourse, il se leva, répondit à une interrogation banale qui lui était faite par madame de Rouville, et vint près d'elle pour, tout en causant, mieux scruter ce vieux visage. Il sortit en proie à mille incertitudes; mais à peine avait-il descendu quelques marches, qu'il se souvint d'avoir oublié son argent sur la table, et rentra.

— Je vous ai laissé ma bourse... dit-il à Adélaïde.

— Non... répondit-elle en rougissant.

— Je la croyais là !...

Et il montrait la table de jeu; mais tout honteux pour la jeune fille et pour la baronne de ne pas l'y voir, il les regarda d'un air hébété qui les fit rire. Alors, il pâlit, et reprit :

— Mais, non, je me suis trompé !... Je l'ai.

Il salua, et sortit.

Dans l'un des côtés de cette bourse il y

avait trois cents francs en or, et, de l'autre, quelque menue monnaie. — Le vol était si flagrant, si effrontément nié, que Jules ne pouvait plus conserver de doute sur la moralité de ses voisines. Il s'arrêta dans l'escalier, le descendit avec peine ; ses jambes tremblaient ; il avait des vertiges, il suait, il grelottait, et se trouvait hors d'état de marcher, de soutenir l'atroce commotion causée par le renversement de toutes ses espérances.

Alors, dès ce moment, il retrouva dans sa mémoire une foule d'observations, légères en apparence, mais qui corroboraient les affreux soupçons auxquels il avait été en proie, et qui, en lui prouvant la réalité du dernier fait, lui ouvraient les yeux sur le caractère et la vie de ces deux femmes. Avaient-elles donc attendu que le portrait fût fini, fût donné, pour voler cette bourse?... Combiné, le vol était encore plus odieux !

Le peintre se souvint, pour son malheur, que, depuis deux ou trois soirées, Adélaïde, en paraissant examiner avec une curiosité de jeune fille le travail particulier du réseau de soie usé, vérifiait probablement l'argent contenu dans la bourse en faisant des plaisanteries innocentes en apparence ; mais qui, sans doute, avaient pour but d'épier le moment où la somme serait assez forte pour être dérobée...

— Le vieil amiral a peut-être d'excellentes raisons pour ne pas épouser Adélaïde; et, alors, la baronne aura tâché de me...

A cette supposition, il s'arrêta, n'achevant pas même sa pensée, car elle fut détruite par une réflexion bien juste. — Si la baronne, pensa-t-il, espère me marier avec sa fille, elles ne m'auraient pas volé... Puis, il essaya, pour ne point renoncer à ses illusions, à son amour déjà si fortement enraciné, de chercher quelque justification dans le hasard. — Ma bourse sera tombée à terre... se dit-il, elle sera restée sur mon fauteuil... Je l'ai peut-être, je suis si distrait... Et il se fouilla par des mouvemens rapides, mais il ne retrouva pas la maudite bourse. Sa mémoire cruelle lui retraçait par instans la fatale vérité. Il voyait distinctement sa bourse étalée sur le tapis ; et, alors, ne doutant plus du vol, il excusait Adélaïde en se disant que l'on ne devait pas juger si promptement les malheureux, et qu'il y avait sans doute un secret dans cette action en apparence si dégradante. Il ne voulait pas que cette fière et noble figure fût un mensonge... Cependant cet appartement si misérable lui apparut dénué des poésies de l'amour qui embellit tout ; et, alors, il le vit sale, flétri, et le considéra comme la représentation d'une vie intérieure sans noblesse, inoccupée, vicieuse ; car nos sentimens sont écrits, pour ainsi dire, sur les choses qui nous entourent.

Le lendemain matin, il se leva sans avoir dormi. La douleur du cœur, cette grave maladie morale, avait fait en lui d'énormes progrès. Perdre un bonheur rêvé, renoncer à tout un avenir, est une souffrance plus aiguë que celle causée par la ruine d'une félicité ressentie, quelque complète qu'elle ait été. Alors, les méditations dans lesquelles tombe tout-à-coup notre âme sont comme une mer sans rivage, au sein de laquelle nous pouvons nager pendant un moment, mais où il faut que notre amour se noie et périsse; et c'est une affreuse mort : les sentimens ne sont-ils pas la partie la plus brillante de notre vie? De cette mort partielle viennent, chez certaines organisations délicates ou fortes, les grands ravages produits par les désenchantemens, par les espérances et les passions trompées. Il en fut ainsi de Jules.

Il sortit de grand matin, alla se promener sous les frais ombrages des Tuileries, absorbé par ses idées, oubliant tout dans le monde. Là, par un hasard qui n'avait rien d'extraordinaire, il rencontra l'un de ses amis les plus intimes, un camarade de collége et d'atelier, avec lequel il avait vécu mieux qu'on ne vit avec un frère.

— Eh bien, Jules, qu'as-tu donc?... lui dit Daniel Vallier, jeune sculpteur qui, ayant récemment remporté le grand prix, devait bientôt partir pour l'Italie.

— Je suis très malheureux... répondit Jules gravement.

— Il n'y a qu'une affaire de cœur qui puisse te chagriner!... Argent, gloire, considération, rien ne te manque!...

Insensiblement, les confidences commencèrent, et le peintre avoua son amour. Au moment où Jules parla de la rue de Suresne et d'une jeune personne logée à un quatrième étage...

— Halte là!... s'écria gaiement Daniel. C'est une petite fille que je viens voir tous les matins à l'Assomption, et à laquelle je fais la cour. Mais, mon cher, nous la connaissons tous... Sa mère est une baronne!... Est-ce que tu crois aux baronnes logées au quatrième?... Brrr... Ah bien! tu es un homme de l'âge d'or!... Nous voyons ici, dans cette allée, la vieille mère tous les jours; mais elle a une figure, une tournure, qui disent tout... Comment! tu n'as pas deviné ce qu'elle est à la manière dont elle tient son sac?...

Les deux amis se promenèrent long-temps, et plusieurs jeunes gens qui connaissaient Daniel ou Jules se joignirent à eux. L'aventure du peintre, jugée comme de peu d'importance, leur fut racontée par le sculpteur.

— Et lui aussi!... disait-il, a vu cette petite...

Et ce furent des observations, des rires, des moqueries, faites innocemment et avec toute la gaieté des artistes. Jules en souffrit horriblement. Une certaine pudeur d'âme le mettait mal à l'aise en voyant le secret de son cœur traité si légèrement, sa passion déchirée, mise en lambeaux, une jeune fille inconnue et dont la vie paraissait si modeste, sujette à des jugemens vrais ou faux, portés avec insouciance.

Alors, par esprit de contradiction, il demanda sérieusement à chacun les preuves de ces assertions, et ce furent de nouvelles plaisanteries.

— Mais, mon cher ami, as-tu vu le schall de la baronne?... disait l'un.

— As-tu suivi la petite, quand elle trotte le matin à l'Assomption?... disait un autre.

— Ah! la mère a, entre autres vertus, une certaine robe grise que je regarde comme un type...

— Écoute, Jules... reprit un graveur, viens

ici vers quatre heures, et analyse un peu la marche de la mère et de la fille... et après... si tu as des doutes... hé bien, l'on ne fera jamais rien de toi... Tu seras capable d'épouser la fille de ta portière.

En proie aux sentimens les plus contraires, Jules quitta ses amis. Adélaïde et sa mère lui semblaient être au-dessus de ces accusations, et il éprouvait au fond de son cœur, le remords d'avoir soupçonné la pureté de cette jeune fille, si belle et si simple.

Il vint à son atelier, passa devant la porte de l'appartement où était Adélaïde, et sentit en lui-même une douleur de cœur à laquelle nul homme ne se trompe. Il aimait mademoiselle de Rouville passionnément; et, malgré le vol de la bourse, il l'adorait encore. Son amour était celui du chevalier Desgrieux, purifiant et admirant sa maîtresse jusque sur la charrette qui mène en prison les femmes perdues.

— Pourquoi mon amour ne la rendrait-il pas la plus pure de toutes les femmes !... Pourquoi l'abandonner au mal et au vice, sans lui tendre une main amie!...

Cette mission lui plut; car l'amour fait son profit de tout, et rien ne séduit plus un jeune homme que de jouer le rôle d'un bon génie, auprès d'une femme. Il y a je ne sais quoi de romanesque dans cette entreprise, qui va si bien aux âmes exaltées; c'est le dévouement le plus étendu, sous la forme la plus élevée, la plus gracieuse; et il y a tant de grandeur à savoir que l'on aime assez pour aimer encore là où l'amour des autres s'éteint et meurt. Aussi Jules s'assit dans son atelier, contempla son tableau sans y rien faire, n'en voyant les figures qu'à travers quelques larmes qui lui roulaient dans les yeux, tenant toujours sa brosse à la main, s'avançant vers la toile, comme pour adoucir une teinte, mais n'y touchant pas. La nuit le surprit dans cette attitude; et réveillé de sa rêverie par l'obscurité, il descendit, rencontra le vieil amiral dans l'escalier, lui jeta un regard sombre en le saluant, et s'enfuit. Il avait eu l'intention d'entrer chez ses voisines, mais l'aspect du protecteur d'Adélaïde, lui glaça le cœur, et fit évanouir sa résolution. Il se demanda pour la centième fois quel intérêt pouvait amener ce vieil homme à bonnes fortunes, riche de cinquante mille livres de rente, dans ce quatrième étage, où il perdait de dix à vingt francs tous les soirs ; et cet intérêt, il le devinait !...

Le lendemain et les jours suivans, Jules se jeta dans le travail pour tâcher de combattre sa passion par l'entraînement des idées, et par la fougue de la conception. Il réussit à demi ; l'étude le consola ; mais sans parvenir cependant à étouffer les souvenirs de tant d'heures caressantes passées auprès d'Adélaïde.

Un soir, en quittant son atelier, il trouva la porte de l'appartement des deux dames entr'ouverte ; une personne y était debout, dans l'embrasure de la fenêtre ; la disposition de la porte et de l'escalier ne permettait pas à Jules de passer sans voir Adélaïde. Il la salua froidement en lui lançant un regard plein d'indifférence ; mais, jugeant des souffrances de cette jeune fille par les siennes, il eut un tressaillement intérieur, en songeant à toute l'amertume que ce regard et cette froideur devaient jeter dans un cœur aimant.

Couronner les plus douces fêtes qui aient jamais réjoui deux âmes pures, par un dédain de huit jours, et par le mépris le plus profond, le plus entier!... Quel affreux dénouement!...

Peut-être la bourse était-elle retrouvée, et peut-être chaque soir Adélaïde avait-elle attendu son ami!... Cette pensée, si simple, si naturelle, fit éprouver de nouveaux remords à Jules, et il se demanda si les preuves de délicatesse et d'attachement que la jeune fille lui avait données, si les ravissantes causeries empreintes d'amour qui l'avaient charmé, ne méritaient pas au moins une enquête, ne valaient pas une justification!...

Alors, honteux d'avoir résisté pendant une semaine aux vœux de son cœur; et, se trouvant presque criminel de ce combat, il vint le soir même chez madame de Rouville. Tous ses soupçons, toutes ses pensées mauvaises s'évanouirent à l'aspect de la jeune fille, pâle et maigrie.

— Eh, bon Dieu! qu'avez-vous?... lui dit-il après avoir salué la baronne.

Adélaïde ne lui répondit rien, mais elle lui jeta un regard plein de mélancolie, un regard triste, découragé qui lui fit mal.

— Vous avez sans doute beaucoup travaillé, dit la vieille dame; vous êtes changé; nous sommes la cause de votre réclusion... Ce portrait aura retardé quelques tableaux importans pour votre réputation.

Jules fut heureux de trouver une si bonne excuse à son impolitesse.

— Oui, dit-il, j'ai été fort occupé, mais aussi j'ai souffert...

A ces mots, Adélaïde leva la tête, regarda Jules, et ses yeux inquiets ne lui reprochèrent plus rien.

— Vous nous avez donc supposées bien indifférentes à ce qui peut vous arriver d'heureux ou de malheureux?... dit la vieille dame.

— J'ai eu tort, reprit Jules ; mais cependant il y a de ces peines que l'on ne saurait confier, même à un sentiment moins jeune que ne l'est celui dont vous m'honorez...

— La sincérité, la force de l'amitié, ne doivent pas se mesurer d'après le temps. — Il y a de vieux amis qui ne se donneraient pas une larme dans le malheur... dit la baronne en hochant la tête.

— Mais qu'avez-vous donc?... demanda Jules à Adélaïde.

— Oh! rien, dit-elle.

— Elle a passé quelques nuits pour achever un ouvrage de femme, et n'a pas voulu m'écouter, lorsque je lui disais qu'un jour de plus ou de moins importait peu...

Jules n'écoutait pas. En voyant ces deux figures, si nobles, si calmes, il rougissait de ses soupçons, et attribuait la perte de sa bourse à quelque hasard inconnu.

Cette soirée fut délicieuse pour lui, et peut-être aussi pour Adélaïde. Il y a de ces secrets que les âmes jeunes entendent si bien! La jeune fille devinait les pensées de Jules. Sans vouloir avouer ses torts, le peintre les reconnaissait, revenait à sa maîtresse, plus aimant, plus affectueux, essayant ainsi d'acheter un pardon tacite ; et Adélaïde savourait des joies si parfaites, si douces, qu'elles ne lui semblaient pas trop chèrement payées par tout le malheur dont son amour avait été si cruellement froissé. L'accord si vrai de leurs cœurs, cette entente pleine de magie, fut néanmoins troublée par un mot de la baronne de Rouville.

— Faisons-nous notre petite partie?... dit-elle à Jules.

Cette phrase réveilla toutes les craintes du jeune peintre; et, alors, il rougit en regardant la mère d'Adélaïde; mais il ne vit sur ce visage que l'expression d'une bonhomie sans fausseté; nulle arrière-pensée n'en détruisait le charme ; la finesse n'en était point perfide, la malice en semblait douce, et nul remords n'en altérait le calme. Alors Jules se mit à la table de jeu, et Adélaïde voulut partager le sort du peintre, en prétendant qu'il ne connaissait pas le piquet, et avait besoin d'un partner. Madame de Rouville et sa fille se firent, pendant la partie, des signes d'intelligence qui inquiétèrent d'autant plus Jules qu'il gagnait ; mais à la fin, un dernier coup rendit les deux amans débiteurs de la baronne ; et, le peintre, voulant chercher de la monnaie dans son gousset, retira ses mains de dessus la table, et vit alors devant lui une bourse qu'Adélaïde y avait glissée sans qu'il s'en aperçût ; et tenant l'ancienne, elle s'occupait par contenance à y chercher de l'argent pour payer sa mère. Tout le sang de Jules afflua si vivement à son cœur qu'il faillit perdre connaissance. La bourse neuve substituée à la sienne contenait son argent ; elle était brodée en perles d'or, et les coulans, les glands tout attestait le bon goût d'Adélaïde. C'était un gracieux remerciement de jeune fille. Il était impossible de dire avec plus de finesse que le don du peintre ne pouvait être récompensé que par un témoignage de tendresse...

Quand Jules, accablé de bonheur, tourna les

yeux sur Adélaïde et sur la baronne, il les vit tremblantes toutes deux de plaisir, et heureuses de cette espèce de supercherie... Alors, il se trouva petit, mesquin, niais. Il aurait voulu pouvoir se punir, se déchirer le cœur ; mais quelques larmes lui vinrent aux yeux, et, se levant par un mouvement irrésistible, il prit Adélaïde dans ses bras, la serra contre son cœur, lui ravit un baiser; et, avec une bonne foi d'artiste :

— Je vous la demande !... s'écria-t-il en regardant la baronne.

Adélaïde jetait sur le peintre des yeux à demi courroucés, et madame de Rouville, un peu étonnée, cherchait une réponse quand cette scène fut interrompue par le bruit de la sonnette. C'était le vieux contre-amiral suivi de son ombre et de madame Schinner.

La mère de Jules, ayant deviné la cause des chagrins que son fils essayait vainement de lui cacher, avait pris des renseignemens auprès de quelques uns de ses amis, sur la jeune fille qu'il aimait; et, alors, justement alarmée des calomnies dont Adélaïde était l'objet, elle avait été les conter au vieil émigré, qui dans sa colère « — voulait aller, disait-il, couper les oreilles à ces bélîtres... » Puis, animé par son courroux, il avait appris à madame Schinner le secret des pertes volontaires qu'il faisait au jeu, puisque la fierté de la baronne ne lui laissait que cet ingénieux moyen de la secourir.

Lorsque madame Schinner eut salué madame de Rouville, celle-ci regardant le contre-amiral, Adélaïde et Jules, dit avec une grâce exquise :

— Il paraît que nous sommes en famille, ce soir !...

SCÈNE IX.

LE DEVOIR D'UNE FEMME.

LE DEVOIR D'UNE FEMME.

— Allons, député du centre, en avant! Il s'agit d'arriver à l'heure si nous voulons être à table en même temps que les autres. — Allons, haut le pied! — Saute, marquis!... la donc.... bien.... Vous franchissez les sillons comme un véritable cerf!....

Ces paroles étaient prononcées par un chasseur paisiblement assis sur une lisière de la forêt de l'Ile-Adam. Il achevait de fumer un cigare de la Havane, et l'on voyait qu'il attendait là depuis long-temps son compagnon sans doute égaré dans les halliers de la forêt. Il avait à ses côtés quatre chiens haletans qui regardaient comme lui le personnage auquel il s'adressait. Pour comprendre tout ce que ces allocutions, répétées par intervalles, avaient de railleur, il faut dépeindre le chasseur attardé.

C'était un homme gros et court, dont le ventre proéminent accusait un embonpoint véritablement ministériel. Il arpentait péniblement les sillons d'un grand champ récemment moissonné, dont les chaumes gênaient considérablement sa marche. Pour surcroît de douleur, les rayons obliques du soleil, frappant horizontalement sur sa figure, y amassaient de grosses gouttes de sueur. Comme il était toujours préoccupé par le soin de garder son équilibre, il se penchait tantôt en avant et tantôt en arrière, imitant ainsi les soubresauts d'une voiture fortement cahotée.

La journée avait été chaude. C'était un de ces jours du mois de septembre dont les feux achèvent de mûrir les raisins. Le temps annonçait un orage. Quoique plusieurs grands espaces d'azur séparassent encore vers l'horizon de gros nuages noirs, on voyait des nuées blondes qui s'avançaient avec une effrayante rapidité en étendant sur les cieux, de l'ouest à l'est, un léger rideau grisâtre. Le vent, n'agissant que dans la haute région, l'atmosphère comprimait, vers les bas-fonds, les brûlantes vapeurs de la terre. Or, le vallon que franchissait le chasseur, étant entouré de hautes futaies qui le privaient d'air, avait la température d'une fournaise. Ardente et silencieuse, la forêt semblait avoir soif. Les oiseaux, les insectes étaient muets, et les cimes des arbres s'inclinaient à peine.

A ce récit, les personnes qui ont conservé quelque souvenir de l'été de 1819, doivent compatir aux maux du pauvre ministériel : il suait sang et eau pour rejoindre son compagnon moqueur. Tout en fumant son cigare, celui-ci avait calculé, par la position du soleil, qu'il devait être au moins cinq heures du soir.

— Où diable sommes-nous?.... dit le gros chasseur en s'essuyant le front et restant appuyé contre un arbre du champ, presqu'en face de son compagnon; il ne se sentit plus la force de sauter le large fossé qui l'en séparait.

— Et c'est à moi que vous demandez cela?... répondit en riant le chasseur couché dans les hautes herbes jaunes qui couronnaient le talus.

Puis, jetant le bout de son cigare dans le fossé, il s'écria :

— Je jure par saint Hubert qu'on ne me reprendra plus à m'aventurer dans un pays inconnu avec un magistrat, fût-il comme vous, mon cher d'Albon, un vieux camarade de collége!...

— Mais, Philippe, vous ne comprenez donc plus le français?... et vous avez sans doute laissé tout votre esprit en Sibérie!... répliqua le gros homme court en lançant un regard douloureusement comique sur un poteau qui se trouvait à cent pas de là.

— J'entends! s'écria Philippe.

Saisissant alors son fusil, il se leva tout-à-coup, s'élança d'un seul bond dans le champ, et courut vers le poteau.

— Par ici, d'Albon, par ici, demi-tour à gauche! cria-t-il à son compagnon en lui indiquant par un geste une large voie pavée. — *Chemin de Baillet à l'Ile-Adam!....* reprit-il. Ainsi nous trouverons dans cette direction celui de Cassan : ne doit-il pas s'embrancher sur la route de l'Ile-Adam ?

— C'est juste, mon colonel! dit M. d'Albon en remettant sur sa tête une casquette avec laquelle il venait de s'éventer.

— En avant donc, mon respectable conseiller!.... répondit le colonel Philippe. Et il siffla les chiens, qui paraissaient lui obéir déjà mieux qu'au magistrat auquel ils appartenaient.

— Savez-vous, monsieur le marquis, reprit le militaire goguenard, que nous avons encore plus de deux lieues à faire? Le village que nous apercevons là-bas doit être Baillet...

— Grand Dieu !..... s'écria le marquis d'Albon. Allez à Cassan, si cela peut vous être agréable, mais vous irez tout seul. Je préfère attendre ici, malgré l'orage, le cheval que vous m'enverrez du château. Vous vous êtes moqué de moi, Sucy. Nous devions faire une jolie petite partie de chasse, ne pas nous éloigner de Cassan, fureter sur le territoire que je connais.... Bah! au lieu de nous amuser, vous m'avez fait courir comme un levrier depuis quatre heures du matin, et nous n'avons eu pour tout déjeûner que deux tasses de lait!.... Ah! si vous avez jamais un procès à la cour, je vous le ferai perdre, eussiez-vous cent fois raison.

Ayant dit, le chasseur découragé s'assit sur une des bornes qui étaient au pied du poteau, se débarrassa de son fusil, de sa carnassière vide, et poussa un long soupir.

— France!... voilà tes députés!... s'écria en riant le colonel de Sucy. Ah! mon pauvre d'Albon, si vous aviez été comme moi six ans dans le fond de la Sibérie!...

Il leva les yeux au ciel, comme si ses malheurs étaient un secret entre Dieu et lui ; puis il ajouta :

— Allons! marchez, si vous restez assis, vous êtes perdu.

— Que voulez-vous, Philippe? c'est une si vieille habitude chez un magistrat! — D'honneur, je suis excédé! Encore si j'avais tué un lièvre!...

Les deux chasseurs présentaient un contraste assez rare. Le ministériel était âgé de quarante-deux ans, et ne paraissait pas en avoir plus de trente; tandis que le militaire, âgé de trente ans, semblait en avoir quarante. Ils étaient tous deux décorés de la rosette rouge, attribut des officiers de la Légion-d'Honneur. Quelques mèches de cheveux, aussi mélangées de noir et de blanc que l'aile d'une pie, s'échappaient de dessous la casquette du colonel; mais de belles boucles blondes ornaient les tempes du magistrat. L'un était d'une haute taille, sec, maigre, nerveux, et les rides de sa figure blanche trahissaient des passions terribles ou d'affreux malheurs; l'autre avait un visage brillant de santé, jovial et digne d'un épicurien. Tous deux étaient fortement hâlés par le soleil, et leurs longues guêtres de cuir fauve portaient les marques de tous les fossés, de tous les marais qu'ils avaient traversés.

— Allons, s'écria M. de Sucy, en avant!... Après une bonne heure de marche nous serons à Cassan, devant une bonne table.

— Il faut que vous n'ayez jamais aimé, répondit le conseiller d'un air piteusement comique, car vous êtes aussi impitoyable que l'article 304 du Code pénal!...

Philippe de Sucy tressaillit violemment; son large front se plissa, et sa figure devint aussi sombre que le ciel l'était en ce moment. Un souvenir d'une affreuse amertume crispa tous ses traits; et, s'il ne pleura pas, c'est qu'il était un de ces hommes puissans qui concentrent leurs peines, trouvant une sorte d'impudeur à les dévoiler, quand aucune parole humaine n'en peut rendre la profondeur, quand il n'est point de cœur qui sache les comprendre.

M. d'Albon avait une de ces âmes délicates qui

devinent les douleurs et ressentent vivement une commotion du cœur quand elle est involontairement produite par quelque maladresse. Il respecta le silence de son ami, se leva, oublia sa fatigue, et le suivit silencieusement, souffrant d'avoir touché une plaie qui probablement n'était pas cicatrisée.

— Un jour, mon ami, lui dit Philippe en lui serrant la main et en le remerciant de son muet repentir par un regard déchirant, un jour je te raconterai ma vie... — Aujourd'hui..., je ne saurais.

Ils continuèrent à marcher en silence ; mais quand la douleur du colonel parut dissipée, le conseiller retrouva sa fatigue; et alors, avec l'instinct ou plutôt le vouloir d'un homme harassé, il sondait de l'œil toutes les profondeurs de la forêt, interrogeait les cimes des arbres, examinait les avenues, espérant y découvrir quelque gîte où il pût demander l'hospitalité.

En arrivant à un carrefour, il crut apercevoir une légère fumée qui s'élevait entre les arbres. Il s'arrêta, regarda fort attentivement, et reconnut, au milieu d'un massif immense, les branches vertes et sombres de quelques pins.

— Une maison! une maison!... s'écria-t-il avec le plaisir qu'aurait eu un marin à crier : — Terre!... terre!...

Et il s'élança vivement à travers un hallier assez épais. Le colonel, qui était tombé dans une profonde rêverie, le suivit machinalement.

— J'aime mieux une omelette, du pain de ménage et une chaise ici, que des divans, des truffes et du vin de Tokai à Cassan!...

Ces paroles étaient une exclamation d'enthousiasme arrachée au conseiller par l'aspect d'un mur dont la couleur blanchâtre tranchait, dans le lointain, sur la masse brune des troncs noueux de la forêt.

— Ah! ah! ça m'a l'air d'être quelque ancien prieuré! s'écria derechef le marquis d'Albon en arrivant à une grille antique et noire.

De là, il put voir, au milieu d'un parc assez vaste, un bâtiment construit en pierres de taille dans le style employé jadis pour les monumens monastiques.

— Comme ces coquins de moines savaient choisir un emplacement !...

Cette nouvelle exclamation était l'expression de l'étonnement dont le magistrat fut saisi à l'aspect du poétique ermitage qui s'offrit à ses regards.

La maison était située à mi-côte du revers de la montagne dont le village de Nerville occupe le sommet. Les grands chênes séculaires de la forêt, décrivant un cercle immense autour de cette habitation, en faisaient une véritable solitude. Le corps de logis jadis destiné aux moines avait son exposition au midi. Le parc paraissait avoir une quarantaine d'arpens. Auprès de la maison, régnait une verte prairie, capricieusement découpée par plusieurs ruisseaux clairs, par des nappes d'eau gracieusement posées, sans aucun artifice apparent. Çà et là s'élevaient des arbres verts aux formes élégantes, aux feuillages variés. Puis, des grottes habilement ménagées, des terrasses massives avec leurs escaliers dégradés et leurs rampes rouillées imprimaient une physionomie particulière à cette sauvage Thébaïde. L'art y avait élégamment uni ses constructions aux effets pittoresques de la nature. Toutes les passions humaines semblaient mourir aux pieds ou sur les cimes de ces grands arbres forestiers, qui défendaient l'approche de cet asile solitaire aux bruits du monde, comme aux ouragans du ciel et au soleil même. Le silence et la paix lui communiquaient leur indéfinissable majesté.

— Comme tout est en désordre ici!... dit M. d'Albon après avoir joui de la sombre expression que les ruines donnaient à ce paysage.

En effet, il portait l'empreinte d'une espèce de malédiction. C'était comme un lieu funeste abandonné par les hommes. Le lierre avait étendu partout ses nerfs tortueux et ses riches manteaux. La mousse brune, verdâtre, jaune, rouge, répandait ses teintes romantiques sur tous les arbres, sur les bancs, sur les toits, sur les pierres. Les fenêtres étaient vermoulues, tout usées par la pluie, creusées par le temps; les balcons brisés, les terrasses démolies. Quelques persiennes ne tenaient plus que par un gond. Les portes disjointes paraissaient ne pas devoir résister à un assaillant. Aucun arbre fruitier n'ayant été taillé, ils avançaient tous des branches gourmandes sans fruit et chargées des touffes luisantes du guy. Enfin de hautes herbes croissaient dans toutes les allées.

Ces débris jetaient dans le tableau des effets d'une poésie ravissante; et dans l'âme du spectateur, des idées rêveuses. Un poète serait resté là plongé dans une longue mélancolie, admirant un désordre plein d'harmonie, une destruction gracieuse. En ce moment, quelques rayons de soleil, se faisant jour à travers les crevasses de nuages, illuminèrent, par des jets de mille couleurs, cette scène à demi sauvage. Les tuiles brunes resplendirent; les mousses brillèrent; des ombres fantastiques s'agitèrent sur les prés, sous les arbres; des couleurs mortes se réveillèrent; des oppositions piquantes se combattirent; les feuillages se découpèrent dans la clarté; puis, tout-à-coup, la lumière disparut; et ce paysage, qui semblait avoir parlé, se tut, devint sombre, ou plutôt doux comme la plus douce teinte d'un crépuscule d'automne.

Mais le conseiller ne voyait déjà plus cette maison qu'avec les yeux d'un propriétaire.

— C'est le palais de la Belle au Bois Dormant, dit-il. A qui cela peut-il donc appartenir?... Il faut être bien bête pour ne pas habiter une aussi jolie propriété!...

A peine le magistrat avait-il achevé ces paroles, qu'une femme passa devant lui aussi rapidement que l'ombre d'un nuage; elle ne fit aucun bruit; elle s'était élancée de dessous un noyer planté à droite de la grille : ce fut comme une vision. Le marquis resta stupéfait.

— Eh bien, d'Albon, qu'avez-vous?... lui demanda M. de Sucy.

— Je me frotte les yeux pour savoir si je

dors ou si je veille!... répondit le conseiller en se collant sur la grille pour tâcher de revoir le fantôme.

— Elle est probablement sous ce figuier... dit il en montrant à Philippe le feuillage d'un arbre qui s'élevait au-dessus du mur, à gauche de la grille.

— Qui ? elle ?...

— Eh! puis-je le savoir? reprit M. d'Albon. Figurez-vous, dit-il à voix basse, qu'il vient de se lever là, devant moi, une femme étrange. Elle m'a semblé plutôt appartenir à la nature des ombres qu'au monde des vivans. Elle est si svelte, si légère, si vaporeuse, qu'elle doit être diaphane. Sa figure est aussi blanche que du lait. Je crois que ses vêtemens sont noirs; et ses yeux, ses cheveux m'ont également paru noirs. Elle m'a regardé en passant, et quoique je ne sois, certes, point peureux, son regard immobile et froid m'a figé le sang dans les veines.

— Est-elle jolie?... demanda Philippe.

— Je ne sais pas. Je ne lui ai vu que des yeux dans la figure. Ses cheveux sont flottans, et son front est d'un blanc mat.

— Au diable le dîner de Cassan !... s'écria le colonel. Restons ici. J'ai une envie d'enfant d'entrer dans cette singulière propriété. Les châssis des fenêtres sont peints en rouge. Il y a des filets rouges sur les moulures des portes et des volets. Il semble que ce soit la maison du diable. Il aura peut-être hérité des moines. — Allons, courons après la dame blanche et noire... Ici tout est romanesque. En avant !...

La gaieté du colonel avait quelque chose de factice.

En ce moment, les deux chasseurs entendirent un petit cri assez semblable à celui d'une souris prise au piège. Ils écoutèrent. Le feuillage de quelques arbustes froissés retentit dans le silence, comme le murmure d'une onde agitée. Ils eurent beau chercher à saisir quelques sons, la terre resta silencieuse et garda le secret des pas de l'inconnue, si toutefois elle avait marché.

— Voilà qui est singulier!... s'écria Philippe en suivant les contours décrits dans la forêt par les murs du parc.

Les deux amis arrivèrent bientôt à une allée de la forêt qui conduit au village de Chauvry. Après avoir remonté ce chemin vers la route de Paris, ils se trouvèrent devant une grande grille, et virent la façade principale de cette habitation mystérieuse. De ce côté, le désordre était à son comble. D'immenses lézardes sillonnaient les murs des trois corps de logis bâtis en équerre. Des débris de tuiles et d'ardoises amoncelés à terre et des toits dégradés annonçaient une complète incurie. Les fruits gisaient sous les arbres sans qu'on les récoltât. Une vache paissait à travers les boulingrins, en foulant les fleurs des plates-bandes, tandis qu'une chèvre broutait les raisins verts et les pampres d'une treille.

— Tout est en harmonie, et le désordre est en quelque sorte organisé... dit le colonel en tirant la chaîne d'une cloche. Mais la cloche était sans battant, car les deux chasseurs n'entendirent que le bruit singulièrement aigre d'un ressort rouillé. La petite porte pratiquée dans le mur auprès de la grille résista, toute pourrie qu'elle était, aux efforts de Philippe.

— Oh! oh! tout ceci devient très curieux!... dit-il à son compagnon.

— Si je n'étais pas magistrat, répondit M. d'Albon, je croirais que la femme noire est une sorcière!...

A peine avait-il achevé que la vache accourut à la grille et leur présenta son mufle chaud, comme si elle éprouvait le besoin de voir des créatures humaines. Alors une femme, si toutefois ce nom pouvait appartenir à l'être indéfinissable qui se montra, vint tirer la vache par sa corde.

— Ohé! ohé!... cria le colonel.

La femme s'arrêta pour regarder les deux étrangers. Elle portait sur la tête un mouchoir rouge d'où s'échappaient des mèches de cheveux blonds assez semblables à l'étoupe d'une quenouille. Un jupon de laine grossière à raies alternativement noires et grises, trop court de quelques pouces, permettait de voir ses jambes. Elle n'avait pas de fichu, et l'on pouvait croire qu'elle appartenait à une des tribus de Peaux Rouges célébrées par Cooper, car ses jambes, son cou et ses bras nus semblaient avoir été peints en couleur de brique. Aucun rayon d'intelligence n'animait sa figure plate. Ses yeux bleuâtres étaient sans chaleur et ternes. Quelques poils blancs clair-semés lui tenaient lieu de sourcils. Enfin, sa bouche contournée laissait passer des dents mal rangées, mais aussi blanches que celles d'un chien. Elle arriva lentement jusqu'à la grille, en contemplant les deux chasseurs d'un air niais. Elle souriait presque; mais son sourire était pénible et forcé.

— Où sommes-nous ?... Quelle est cette maison-là?... A qui est-elle ?... Qui êtes-vous ?... Êtes-vous d'ici ?...

A ces questions et à une foule d'autres que lui adressèrent successivement les deux amis, elle ne répondit que par des grognemens gutturaux qui semblaient appartenir à l'animal plus qu'à la créature humaine.

— Ne voyez-vous pas qu'elle est sourde et muette?... dit le magistrat.

— *Bons-hommes !...* s'écria la paysanne.

— Ah! elle a raison. Ceci pourrait bien être l'ancien couvent des Bons-Hommes..... dit M. d'Albon.

Alors les questions recommencèrent; mais, comme un enfant capricieux, la paysanne rougit, joua avec son sabot, tortilla la corde de la vache qui s'était remise à paître, regarda les deux chasseurs, examina toutes les parties de leur habillement ; elle grogna, glapit, mais elle ne parla pas.

— Ton nom? lui dit Philippe en la contemplant fixément comme s'il eût voulu l'ensorceler.

— Geneviève !... dit-elle.

Puis elle disparut en riant d'un rire bête.

— Jusqu'à présent la vache est la créature la

plus intelligente que nous ayons vue... s'écria le magistrat. Je vais tirer un coup de fusil pour faire venir du monde.

Au moment où M. d'Albon saisissait son arme, le colonel l'arrêta par un geste, et lui montra du doigt l'inconnue qui avait si vivement piqué leur curiosité. Elle venait par une allée assez éloignée, marchait à pas lents, et semblait ensevelie dans une méditation profonde. Elle était vêtue d'une robe de satin noir tout usée. Ses longs cheveux tombaient en boucles nombreuses sur son front, autour de ses épaules, descendaient jusqu'en bas de sa taille, et lui servaient de châle. Elle semblait accoutumée à ce désordre, car elle ne chassait que rarement sa chevelure de chaque côté de ses tempes; et alors, agitant la tête par un mouvement brusque, elle ne s'y prenait pas à deux fois pour dégager son front ou ses yeux de ce voile épais; et son geste avait, comme celui d'un animal, une admirable sécurité de mécanisme. Elle atteignait son but avec une prestesse qui tenait du prodige. Les deux chasseurs étonnés la virent sautant sur un branche de pommier et s'y attachant avec la légèreté d'un oiseau. Elle y saisit des fruits, les mangea, et se laissa tomber à terre avec la gracieuse mollesse qu'on admire chez les écureuils. Ses membres possédaient une élasticité qui ôtait à ses moindres gestes jusqu'à l'apparence de la gêne ou de l'effort. Elle joua sur le gazon, et s'y roula, comme aurait pu le faire un enfant; puis, jetant en avant ses deux pieds et ses mains, elle resta étendue sur l'herbe avec l'abandon, la grâce, le naturel d'une jeune chatte dormant au soleil. Tout-à-coup le tonnerre ayant grondé dans le lointain, elle se retourna subitement, et se mit à quatre pates avec la miraculeuse adresse d'un chien qui entend venir un étranger. Cette bizarre attitude eut pour effet de séparer sa noire chevelure en deux larges bandeaux qui retombèrent de chaque côté de sa tête. Alors les deux spectateurs de cette scène singulière purent admirer des épaules dont les contours avaient une exquise délicatesse, et dont la peau blanche brillait comme les marguerites de la prairie. Le cou surtout attirait les regards par une rare perfection. Il était facile de voir que cette femme était admirablement bien faite. Elle laissa échapper un cri douloureux, et se leva tout-à-fait sur ses pieds. Ses mouvemens se succédaient avec tant de rapidité et si gracieusement, ils s'exécutaient si lestement, qu'il ne semblait pas qu'elle fût une créature humaine, mais une de ces filles de l'air célébrées par les poésies d'Ossian. Elle alla vers une nappe d'eau, y quitta un de ses souliers en lui donnant une légère secousse, et parut se plaire à tremper dans la source un pied blanc comme l'albâtre. Elle admirait peut-être les ondulations brillantes de cette onde agitée qui ressemblaient à des pierreries. Puis elle s'agenouilla sur le bord du bassin, et s'amusa de la manière la plus enfantine à y plonger ses longues tresses et à les en retirer brusquement pour voir tomber goutte à goutte l'eau dont elles étaient chargées, et qui, traversée par les rayons du jour, formait comme des chapelets de perles.

— Cette femme est folle!... s'écria le **conseiller**.

En ce moment, un cri rauque, poussé sans doute par Geneviève, retentit et parut s'adresser à l'inconnue. Elle se leva et chassa ses cheveux de chaque côté de son visage. En ce moment, le colonel et M. d'Albon purent examiner les traits de cette femme. Sa figure était extrêmement blanche, ses yeux grands et noirs. Elle vit les deux amis; et, accourant à la grille avec la légèreté d'une biche, elle y arriva en quelques bonds.

— *Adieu!...* dit-elle d'une voix douce et harmonieuse, mais sans que cette admirable mélodie, impatiemment attendue par les chasseurs, parût dévoiler le moindre sentiment ou la moindre idée.

M. d'Albon admira les longs cils de ses yeux, ses sourcils noirs bien fournis, une peau d'une blancheur éblouissante et sans la plus légère nuance de rougeur, car de petites veines bleues tranchaient seules sur ce teint blanc : c'était une des plus ravissantes femmes qu'il fût possible de voir.

Le conseiller se tourna vers son ami pour lui faire part de son étonnement; mais le colonel était derrière lui, étendu sans connaissance, sur l'herbe. Ces évènemens simultanés se passèrent en moins d'une minute.

M. d'Albon effrayé déchargea son fusil en l'air pour appeler du monde, et cria : *Au secours !* en essayant de relever le colonel; mais il fut bien surpris de voir l'inconnue, qui était restée immobile, s'échapper avec la rapidité d'une flèche au bruit de la détonation, jeter des cris d'effroi comme un animal blessé, et tournoyer sur la prairie en donnant les marques d'une terreur profonde.

Une calèche élégante, dont M. d'Albon entendait le roulement sur la route de l'Ile-Adam, vint à passer. Alors il implora l'assistance des promeneurs en agitant son mouchoir. Aussitôt la voiture arriva au grand galop, et M. d'Albon reconnut M. et madame de Bueil, qui s'empressèrent de descendre de leur calèche en l'offrant au magistrat. Quand, aidé par le laquais, M. d'Albon y eut placé son ami, madame de Bueil donna son flacon de vinaigre pour le rappeler à la vie. Bientôt M. de Sucy ouvrit les yeux, les tourna vers la prairie où l'inconnue ne cessait de courir en criant; et alors, il laissa échapper une exclamation distincte, parut en proie à un sentiment d'horreur, et ferma de nouveau les yeux en faisant un geste comme pour demander à son ami de partir.

— Voilà la première fois que la vue d'une femme a épouvanté un colonel ! s'écria M. d'Albon, tout en défaisant le gilet de son ami et lui faisant respirer des sels.

M. et madame de Bueil offrirent obligeamment leur voiture au conseiller, en lui disant qu'ils allaient continuer leur promenade à pied.

— Quelle est donc cette dame? demanda le magistrat en désignant l'inconnue.

— L'on présume qu'elle vient de Moulins, répondit M. de Bueil. On dit que c'est la comtesse de Vandière, et qu'elle est folle; mais comme elle n'est ici que depuis deux mois, je ne saurais vous garantir la véracité de tous ces ouï-dire.

M. d'Albon remercia M. et madame de Bueil, et partit pour Cassan. A peine les avait-il perdus de vue, que Philippe de Sucy revint à lui, grâce à l'odeur pénétrante du vinaigre anglais.....

— C'est elle !..... s'écria-t-il.

— Qui?... elle! demanda d'Albon.

— Julie....., ah! morte et vivante, vivante et folle.... j'ai cru que j'allais mourir...

Le prudent magistrat put apprécier en ce moment la gravité de la crise à laquelle son ami était en proie, et il se garda bien de le questionner ou de l'irriter. Il souhaitait impatiemment d'arriver au château; car le changement qui s'opérait dans les traits et dans toute la personne du colonel lui faisait craindre que la comtesse n'eût communiqué à Philippe sa terrible maladie.

Aussitôt que la voiture atteignit l'avenue de l'Ile-Adam, M. d'Albon envoya le laquais chez le médecin du bourg; de sorte qu'au moment où le colonel fut couché, le docteur se trouva au chevet du lit.

— Si M. le colonel n'avait pas été presqu'à jeun, dit le chirurgien, il était mort !..... Sa fatigue l'a sauvé.

Puis, après avoir fait les prescriptions nécessaires, le docteur sortit pour aller préparer lui-même une potion calmante.

Le lendemain matin M. de Sucy était mieux; mais le médecin avait passé la nuit entière auprès de lui, seul, et ne souffrant personne dans la chambre du malade.

— Je vous avouerai, monsieur le marquis, dit-il à M. d'Albon, que j'ai craint une lésion au cerveau. M. de Sucy a reçu une bien violente commotion. Les passions de cet homme-là sont vives; mais, chez lui, le premier coup porté décide de tout. Demain il sera peut-être hors de danger.

Le médecin ne se trompa point, et le lendemain il permit au magistrat de revoir son ami.

— Mon cher d'Albon, dit Philippe en lui serrant la main, j'attends de toi un service !..... Cours promptement aux Bons-Hommes ! informe-toi de tout ce qui concerne la dame que nous y avons vue, et reviens promptement, car je compterai les minutes...

LE DEVOIR D'UNE FEMME.

Le marquis d'Albon sauta sur un cheval qu'il fit galoper jusqu'à l'ancienne abbaye. En y arrivant, il aperçut devant la grille un grand homme sec vêtu de noir, et dont la figure était douce et prévenante. Quand le magistrat lui demanda s'il habitait cette maison ruinée, il répondit affirmativement.

M. d'Albon lui raconta les motifs de sa visite, et alors l'inconnu s'écria :

— Eh quoi, monsieur, ce serait vous qui auriez tiré ce coup de fusil fatal?... Vous avez failli tuer mon infortunée malade.

— Eh! monsieur, j'ai tiré en l'air!...

— Vous eussiez fait moins de mal à madame la comtesse en l'atteignant.

— Eh bien ! nous n'avons rien à nous reprocher, car la vue de votre comtesse a failli tuer M. le baron Philippe de Sucy...

— Philippe de Sucy !... s'écria le médecin en levant les yeux au ciel et frappant dans ses mains. A-t-il été en Russie, au passage de la Bérésina ?...

— Oui, reprit d'Albon, il a été pris par des Cosaques et mené en Sibérie, d'où il est revenu depuis onze mois environ...

— Entrez, monsieur, dit le médecin, qui conduisit le magistrat dans un salon situé au rez-de-chaussée de l'habitation.

Ce salon était richement meublé ; mais tout y portait les marques d'une dévastation capricieuse. Des vases de porcelaine précieux étaient brisés à côté d'une pendule dont la cage était respectée. Les rideaux de soie drapés devant les fenêtres étaient déchirés, tandis que le double rideau de mousseline restait tout entier.

— Vous voyez, dit le médecin en entrant, les ravages exercés par la charmante créature à laquelle je me suis consacré....

Une vive émotion agita le magistrat.

— Elle est ma nièce, reprit-il ; et, malgré

l'impuissance de mon art, j'espère lui rendre un jour la raison, en suivant une méthode qui malheureusement n'est permise qu'aux gens riches...

Puis, comme toutes les personnes qui vivent dans la solitude, en proie à une douleur renaissante, il raconta longuement au magistrat, dans une conversation souvent interrompue, l'aventure suivante, dont le récit a été coordonné et dégagé de toutes les digressions que firent le narrateur et le magistrat.

En quittant, sur les neuf heures du soir, les hauteurs de Studzianka, qu'il avait défendues pendant toute la journée du 28 novembre 1812, le maréchal Victor y laissa un millier d'hommes chargés de protéger jusqu'au dernier moment celui des deux ponts construits sur la Bérésina qui subsistait encore.

Cette arrière-garde se dévoua pour tâcher de sauver une effroyable multitude de traînards engourdis par le froid qui refusaient obstinément d'abandonner les équipages de l'armée. Mais l'héroïsme des hommes qui composèrent cette généreuse arrière-garde devait être inutile.

Les soldats qui affluaient par masses sur les bords de la Bérésina y trouvaient, par malheur, l'immense quantité de voitures, de caissons et de meubles de toute espèce que l'armée avait été obligée de laisser en effectuant son passage pendant les journées des 27 et 28 novembre. Héritiers de richesses inespérées, ces malheureux, abrutis par le froid, se logeaient dans les bivouacs vides, s'emparaient de tous les débris pour se construire des cabanes, faisaient du feu avec tout ce qui leur tombait sous la main, mangeaient des chevaux, arrachaient, pour se vêtir, le drap, le cuir, les toiles des voitures ou des fourgons, et dormaient au lieu de continuer leur route, au lieu de franchir paisiblement, et à la nuit, cette Bérésina qu'une fatalité incroyable avait déjà rendue si funeste à l'armée.

L'apathie de ces pauvres soldats ne peut être comprise que par ceux qui ont traversé ces vastes déserts de neige, sans autre boisson que la neige, sans autre lit que la neige, sans autre perspective qu'un horizon de neige, sans autre aliment que la neige ou quelques betteraves gelées, quelques restes glacés, quelques poignées de farine ou de la chair de cheval. Ces infortunés arrivaient mourant de faim, de soif, de fatigue et de sommeil, sur une plage où ils apercevaient du bois, des feux, des vivres, d'innombrables équipages abandonnés, des bivouacs, enfin une ville improvisée ; car le village de Studzianka avait été entièrement dépecé, partagé, et transporté des hauteurs dans la plaine. Quoique ce fût une *cité dolente* et périlleuse, c'était une cité, un lieu moins inexorable que les épouvantables déserts de la Russie. Cet immense hôpital, où la douleur régnait morne et silencieuse, dura vingt heures. La lassitude de la vie ou le sentiment d'un bonheur, d'un bien-être inattendus, rendaient nécessairement cette population inaccessible à toute espèce de pensée autre que celle du repos.

L'artillerie de l'aile gauche des Russes tirait sans relâche sur cette masse qui se dessinait comme une grande tache, tantôt noire, tantôt flamboyante, au milieu de la neige ; mais ces infatigables boulets ne semblaient à la foule engourdie qu'une incommodité de plus. C'était comme un orage dont la foudre était dédaignée par tout le monde, parce qu'elle devait n'atteindre, çà et là, que des mourans, des malades, ou des morts peut-être.

A chaque instant, les traîneurs arrivaient par groupes. Ces espèces de cadavres ambulans se divisaient aussitôt, allant mendier une place de foyer en foyer ; puis, repoussés le plus souvent, ils se réunissaient de nouveau ; et, sourds à la voix de quelques officiers qui leur prédisaient la mort pour le lendemain, ils dépensaient la somme de courage nécessaire pour passer la Bérézina à se construire un asile d'une nuit, à manger ou à dormir. Cette mort qui les attendait n'était plus un mal, puisque ce mal leur laissait une heure de sommeil. Ils ne donnaient le nom de *mal* qu'à la faim, à la soif, au froid. Quand il ne se trouva plus ni bois, ni feu, ni toile, ni abris, des luttes s'établirent entre ceux qui survenaient dénués de tout, et ceux qui possédaient une demeure : les plus faibles succombèrent. Enfin, il arriva un moment où quelques hommes chassés par les Russes n'eurent plus que la neige pour bivouac, et s'y couchèrent pour ne pas se relever.

Insensiblement, cette masse d'êtres presque anéantis devint si compacte, si sourde, si stupide, ou si heureuse peut-être, que le maréchal Victor, qui en avait été l'héroïque défenseur, en tenant, pendant deux jours avec six mille hommes, devant Witgenstein et vingt mille Russes, fut obligé de s'ouvrir un passage, de vive force, à travers cette forêt d'hommes, afin de faire franchir la Bérésina aux cinq mille braves qu'il amenait à l'empereur.

Ces infortunés se laissaient écraser plutôt que de bouger. Ils périssaient en silence, souriant à leurs feux mourans, et ne pensant même plus à la France.

A dix heures du soir seulement, le duc de Bellune se trouva de l'autre côté du fleuve. Avant de s'engager sur les ponts qui menaient à Zembin, il confia le sort de l'arrière-garde de Studzianka à cet Éblé, le sauveur de tous ceux qui survécurent aux calamités de la Bérésina.

Ce fut environ vers minuit que cet héroïque général quitta la petite cabane qu'il occupait auprès du pont; et, suivi d'un officier de courage, il se mit à contempler le spectacle que présentait le camp situé entre la rive de la Bérésina et le chemin de Borizof à Studzianka. Le canon des Russes avait cessé de tonner; des feux innombrables qui, au milieu de cet amas de neige, pâlissaient et semblaient ne pas jeter de lueur, éclairaient çà et là des figures qui n'avaient rien d'humain; des malheureux, au nombre de trente mille environ, appartenant à toutes les nations que Napoléon avait jetées sur la Russie, étaient là, jouant leurs vies avec une brutale insouciance.

— Il faut sauver tout cela!... dit le général.

— Demain matin, reprit-il, les Russes seront maîtres de Studzianka; il faudra donc brûler le pont au moment où ils paraîtront; ainsi, mon ami, du courage... Fais-toi jour jusqu'à la hauteur. Dis au général Fournier qu'à peine a-t-il le temps d'évacuer sa position, de percer tout ce monde, et de passer le pont. Quand tu l'auras vu se mettre en marche, tu le suivras; puis, aidé par quelques hommes valides, tu brûleras sans pitié tous les bivouacs, les équipages, les caissons, les voitures, tout! Chasse ce monde-là sur le pont! Contrains tout ce qui a deux jambes à se réfugier sur l'autre rive. L'incendie est maintenant notre dernière ressource. Si Berthier m'avait laissé détruire ces damnés équipages, ce fleuve n'aurait englouti personne... que mes pauvres pontonniers... ces cinquante héros qui ont sauvé l'armée et — qu'on oubliera!

Le général porta la main à son front et resta silencieux. Il sentait que la Pologne serait son tombeau, et qu'aucune voix ne s'élèverait en faveur de ces hommes sublimes qui restèrent dans l'eau — l'eau de la Bérésina! — pour y enfoncer les chevalets des ponts. — Un seul d'entre eux vit, ou, pour être exact, souffre, dans un village, — ignoré!...

L'aide-de-camp partit.

A peine le généreux officier avait-il fait cent pas vers Studzianka, que le général Éblé, réveillant cinq à six de ses pontonniers souffrans, commença son œuvre charitable en brûlant les bivouacs établis autour du pont, et obligeant ainsi les dormeurs les plus voisins à passer la Bérésina.

Cependant le jeune aide-de-camp était parvenu, non sans peine, à la seule maison de bois qui fût restée debout, à Studzianka.

— La baraque est donc bien pleine, mon camarade? dit-il à un homme qu'il aperçut en dehors.

— Si vous entrez, vous serez un habile troupier!... répondit l'officier sans se détourner et sans cesser de démolir avec son sabre le bois de la maison.

— C'est vous, Philippe?... dit l'aide-de-camp, reconnaissant au son de la voix l'un de ses amis.

Oui... Ah! ah! c'est toi, mon vieux, répliqua M. de Sucy en regardant l'aide-de-camp, qui n'avait, comme lui, que vingt-trois ans. Je te croyais de l'autre côté de cette s.... rivière. Viens-tu nous apporter des gâteaux et des confitures pour notre dessert? — Tu seras bien reçu... ajouta-t-il en achevant de détacher l'écorce du bois qu'il donnait, en guise de provende, à son cheval.

— Je cherche votre commandant pour le prévenir, de la part du général Éblé, de filer sur Zembin! Vous avez à peine le temps de percer cette masse de cadavres que je vais incendier tout à l'heure, afin de les faire marcher...

— Tu me réchauffes presque, car ta nouvelle me fait suer. J'ai deux amis à sauver !... Ah! sans ces deux marmottes, mon vieux, je serais déjà mort! C'est pour eux que je soigne mon cheval, et que je ne le mange pas. Par grâce, as-tu quelque croûte?... Voilà trente heures que je n'ai rien mis dans mon coffre, et je me suis battu comme un enragé, afin de conserver le peu de chaleur et de courage qui me restent.

— Pauvre Philippe!... rien, rien. Mais où est le général? Est-ce là?...

— N'essaie pas d'entrer!... Cette grange contient tous nos blessés... Monte encore plus haut! — Tu rencontreras, sur ta droite, une espèce de toit à porc... Eh bien! le général est là... Adieu, mon brave... Si jamais nous dansons la trénis sur un parquet de Paris...

Il n'acheva pas, car la bise souffla dans ce moment avec une telle perfidie que l'aide-de-camp marcha pour ne pas se geler, et que les lèvres du major Philippe se glacèrent.

Le silence régna bientôt. Il n'était interrompu que par les gémissemens qui partaient de la maison, et par le bruit sourd que faisait le cheval de M. de Sucy, en broyant, de faim et de rage, l'écorce glacée des arbres avec lesquels la maison était construite. Le major remit son sabre dans le fourreau; et, prenant brusquement la bride du précieux animal qu'il avait su conserver, il l'arracha, malgré sa résistance, à la déplorable pâture dont la pauvre bête paraissait contente.

— En route, Bichette! en route... Il n'y a que toi, ma belle, qui puisse sauver Julie!... Va, plus tard, il nous sera permis de nous reposer, — de mourir...

Et Philippe, enveloppé d'une pelisse fourrée à laquelle il devait sa conservation et son énergie, se mit à courir en frappant la neige durcie de ses pieds, pour se donner de la chaleur.

A peine le major eut-il fait cinq cents pas, qu'il aperçut un feu considérable à la place où, depuis le matin, il avait laissé sa voiture sous la garde d'un vieux soldat intrépide. Une inquiétude horrible s'empara de lui; et, comme tous ceux qui, pendant cette déroute, furent dominés par un sentiment puissant, il trouva, pour secourir ses amis, des forces qu'il n'aurait pas eues pour se sauver lui-même. Il arriva bientôt à quelques pas d'un pli formé par le terrain, et au fond duquel il avait mis, à l'abri des boulets, une jeune femme, sa compagne d'enfance, son bien le plus cher!

A quelques pas de la voiture, une trentaine de traînards étaient réunis devant un immense foyer qu'ils entretenaient en y jetant des dessus de caissons, des roues, des planches et des panneaux de voitures. Ces soldats étaient, sans doute, les derniers venus de tous ceux qui, depuis le large sillon décrit par le terrain au bas de Studzianka jusqu'à la fatale rivière, formaient comme un océan de têtes, de feux, de baraques, une mer vivante agitée par des mouvemens presque insensibles, et d'où il s'échappait un sourd bruissement mêlé d'éclats terribles. Poussés par la faim et par le désespoir, ces malheureux avaient probablement visité de force la voiture. Le vieux général et la jeune femme qu'ils y trouvèrent couchés sur des hardes, enveloppés de manteaux et de pelisses, gisaient en ce moment accroupis devant le feu. La voiture était ouverte, et l'une des portières brisée. Aussitôt que les hommes placés autour du feu entendirent les pas du cheval et du major, il s'éleva, parmi eux, un cri de rage. C'était la frénésie de la faim et du bonheur.

— Un cheval!... un cheval!...

Cette clameur fut unanime. Les voix ne formèrent qu'une seule voix.

LE DEVOIR D'UNE FEMME.   217

— Retirez-vous! gare à vous!,.. s'écrièrent deux ou trois soldats en ajustant le cheval.

Philippe se mit devant sa jument en disant :

— Gredins! je vais vous culbuter tous dans votre feu!... Il y a des chevaux morts là-haut! — Allez les chercher...

— Est-il farceur, cet officier-là! Une fois, deux fois, te déranges-tu ?... répliqua un grenadier colossal. — Non!... — Eh bien, comme tu voudras, alors !...

Un cri de femme domina la détonation. Heureusement Philippe ne fut pas blessé, mais Bichette avait succombé. Cette pauvre bête se débattant contre la mort, trois hommes s'élancèrent et l'achevèrent à coups de baïonnette.

— Cannibales! laissez-moi prendre la couverture et mes pistolets!... dit Philippe au désespoir.

— Va pour les pistolets!... répliqua le grenadier ; mais quant à la couverture, voilà un fantassin qui depuis deux jours *n'a rien dans le fanal...* Il grelotte, avec son méchant habit de vinaigre !... C'est notre général...

Philippe garda le silence en voyant un homme dont la chaussure était usée, le pantalon troué en dix endroits, et qui n'avait sur la tête qu'un mauvais bonnet de police chargé de givre.

Alors il s'empressa de prendre ses pistolets ; et, pendant qu'il les attachait à sa ceinture, cinq hommes amenèrent la jument devant le foyer, et se mirent à la dépecer avec autant d'adresse qu'auraient pu le faire des garçons bouchers de Paris. Les morceaux étaient miraculeusement enlevés et jetés sur des charbons. Le major alla se placer auprès de la femme qui avait poussé un cri d'épouvante en le reconnaissant. Il la trouva immobile, assise sur un coussin de la voiture et se chauffant. Elle le regarda silencieusement et — sans même lui sourire. Philippe aperçut alors, près de lui, le soldat auquel il avait confié la défense de la voiture. Le pauvre homme était blessé. Accablé par le nombre, il venait de céder aux traînards qui l'avaient attaqué; mais, comme le chien qui a défendu jusqu'au dernier moment le dîner de son maître, il avait pris sa part du butin, et s'était fait une espèce de manteau avec un vieux drap blanc. En ce moment, il s'occupait à retourner un morceau de la jument, et le major lut facilement sur sa figure la joie que lui causaient les apprês du festin.

Le comte de Vandières, tombé depuis trois jours comme en enfance, restait sous un coussin, près de sa femme. Il regardait d'un œil fixe et terne ces flammes pyramidales dont la chaleur commençait à dissiper son engourdissement. Le coup de fusil, l'arrivée de Philippe ne l'avaient pas plus ému que le combat par suite duquel sa voiture venait d'être pillée.

D'abord Philippe saisit la main de la jeune comtesse, comme pour lui donner un témoignage d'affection et lui exprimer la douleur qu'il éprouvait en la voyant ainsi réduite à la dernière misère; mais il resta silencieux, près d'elle, assis sur un tas de neige qui ruisselait en fondant. Il céda lui-même au bonheur de se chauffer, oubliant le péril, oubliant tout. Sa figure contracta, malgré lui, une expression de joie presque stupide, et il attendit avec impatience que le lambeau de jument donné à son soldat fût rôti ; car l'odeur de cette chair charbonnée irritait sa faim, et sa faim faisait taire son cœur, son courage, et son amour. Il contempla sans colère les résultats du pillage de sa voiture. Tous les hommes qui entouraient le foyer s'étaient partagé les couvertures, les coussins, les pelisses, les robes, les vêtemens d'homme et de femme appartenant au comte, à la comtesse et au major. Ce dernier se retourna pour voir si l'on pouvait encore tirer parti de la caisse. Il aperçut, à la lueur des flammes, l'or, les diamans, l'argenterie de la comtesse, éparpillés sans que personne songeât à s'en approprier la moindre parcelle.

Tous les individus réunis par le hasard autour de ce feu gardaient un silence qui avait quelque chose d'horrible. Chacun ne faisait que ce qu'il jugeait nécessaire à son bien-être. Cette misère était grotesque. Toutes les figures, décomposées par le froid, étaient enduites d'une couche de boue sur laquelle les larmes traçaient, à partir de chaque œil jusqu'au bas des joues, un sillon qui attestait l'épaisseur de ce masque. La malpropreté de leurs longues barbes rendait ces soldats encore plus hideux. Les uns étaient enveloppés dans des châles de femmes; les autres portaient des chabraques de cheval, des couvertures crottées, des haillons empreints de givre qui fondait; quelques-uns avaient un pied dans une botte et l'autre dans un soulier. Il n'y avait personne dont le costume n'offrît une singularité risible. En présence de choses si plaisantes, ces hommes restaient graves et sombres. Le silence n'était interrompu que par le craquement du bois, par les pétillemens de la flamme, par le lointain murmure du camp, et par les coups de sabre que les soldats les plus affamés donnaient à Bichette pour en arracher les meilleurs morceaux. Quelques malheureux, plus las que les autres, dormaient. Si l'un d'eux venait à rouler dans le foyer, personne ne le relevait, car ces logiciens sévères pensaient que, s'il n'était pas mort, la brûlure devait l'avertir de se mettre en un lieu plus commode. Si le malheureux se réveillait dans le feu et périssait, personne ne le plaignait; tout au plus, quelques soldats se regardaient, comme pour justifier leur insouciance en vérifiant l'indifférence des autres.

La jeune comtesse eut deux fois ce spectacle ; elle resta muette et immobile.

Quand les différens morceaux que l'on avait mis sur des charbons furent cuits, chacun satisfit sa faim avec cette gloutonnerie qui, même chez les animaux, nous semble si dégoûtante.

— Voilà la première fois qu'on aura vu trente fantassins sur un cheval !... s'écria le grenadier qui avait abattu la jument.

Cette plaisanterie fut la seule qui attestât l'esprit national.

Bientôt la plupart de ces pauvres soldats se roulèrent dans leurs habits, se placèrent sur des planches, enfin sur tout ce qui pouvait les préserver du contact de la neige, et dormirent, nonchalans du lendemain.

Quand le major fut réchauffé et qu'il eut

apaisé sa faim, un sommeil invincible lui appesantit les paupières. Julie dormait. Il ne contempla cette jeune personne que pendant le temps assez court que dura son débat avec le sommeil. Elle était enveloppée dans une pelisse fourrée et dans un gros manteau de dragon. Sa tête portait sur un oreiller taché de sang. Elle s'était caché les pieds dans le manteau. Son bonnet d'astracan, maintenu par un mouchoir noué sous le cou, lui préservait le visage du froid, autant que cela était possible. Dans l'état où elle se trouvait, elle ne ressemblait réellement à rien. C'était une masse informe. Seulement, comme la comtesse avait tourné sa figure vers le feu en s'endormant, le major pouvait voir ses yeux clos et une partie de son front. Était-ce la dernière des vivandières? était-ce cette charmante femme, la gloire d'un amant, la reine des bals, l'adorable sylphide aux formes éblouissantes de grâce, de fraîcheur? Hélas! l'œil même de son ami le plus dévoué n'apercevait plus rien... C'était une chose sans nom, un amas de linge et de haillons, un cadavre. L'amour avait succombé, sous le froid, même dans le cœur d'une femme.

A travers les voiles épais que le plus irrésistible de tous les sommeils étendait sur les yeux du major, il ne voyait plus le mari et la femme que comme deux points. Les flammes du foyer, ces figures étendues, ce froid terrible qui rugissait à trois pas d'une chaleur fugitive... C'était déjà un rêve.

Une pensée importune effrayait Philippe.

— Nous allons tous mourir, si je dors... Je ne veux pas dormir...

Il dormait.

Une clameur terrible et une explosion réveillèrent M. de Sucy après une heure de sommeil. Ce sentiment de son devoir, le péril de Julie retombèrent tout-à-coup sur son cœur. Il jeta un cri semblable à un rugissement. Lui seul et son soldat étaient debout. Ils virent une mer de feu, une flamme capricieuse qui découpait devant eux, dans l'ombre de la nuit, une foule d'hommes, en dévorant les bivouacs et toutes les cabanes; puis, des cris de désespoir, des hurlemens, des milliers de figures désolées, des faces furieuses, et d'horribles silences. Au milieu de cet enfer, une colonne de soldats se faisait un chemin vers le pont, entre deux haies de cadavres.

— C'est la retraite de notre arrière-garde! s'écria le major. Plus d'espoir!

— J'ai respecté votre voiture, Philippe!... dit une voix amie.

M. de Sucy se retourna, et reconnut, à la lueur des flammes, le jeune aide-de-camp.

— Ah! tout est perdu!... répondit le major. Ils ont mangé mon cheval!... D'ailleurs, comment pourrais-je faire marcher ce stupide général et sa femme?...

— Prenez un tison, Philippe, et menacez-les!...

— Menacer la comtesse!...

— Adieu! s'écria l'aide-de-camp. Je n'ai que le temps de passer... et il le faut! J'ai une mère en France! Quelle nuit! Cette foule aime mieux rester sur la neige, et la plupart de ces malheureux se laissent brûler plutôt que de se lever... Il est quatre heures, Philippe !... Dans deux heures, les Russes commenceront à se remuer. Je vous assure que vous verrez la Bérésina encore une fois chargée de cadavres... Philippe, songez à vous ! Venez... Vous n'avez pas de chevaux ; vous ne pouvez pas porter la comtesse... Ainsi, allons.

— Mon ami, abandonner Julie !... ma Julie !...

Le major saisit la comtesse, la mit debout, la secoua avec la rudesse d'un homme au désespoir, et la contraignit de se réveiller. Elle le regarda d'un œil fixe et mort...

— Il faut marcher, Julie, ou nous mourons ici.

Pour toute réponse, la comtesse essayait de se laisser aller à terre pour dormir.

L'aide-de-camp saisit un tison, et l'agita devant la figure de Julie.

— Sauvons-la malgré elle!... s'écria Philippe.

Puis, il souleva la comtesse et la porta dans la voiture. Il revint implorer l'aide de son ami; et, prenant alors à eux deux le vieux général, sans savoir s'il était mort ou vivant, ils le mirent auprès de la comtesse. Enfin, faisant rouler avec le pied chacun des hommes qui gisaient à terre, le major leur reprit ce qu'ils avaient pillé, entassa toutes les hardes sur les deux époux, et jeta dans un coin de la voiture quelques lambeaux rôtis de sa jument.

— Que voulez-vous donc faire?...

— La traîner!.... dit le major.

— Vous êtes fou.

— C'est vrai! s'écria Philippe en se croisant les bras sur la poitrine.

Il parut tout-à-coup saisi par une pensée de désespoir.

— Toi, dit-il en saisissant le bras valide de

son soldat, je te la confie pour une heure.....
Songe que tu dois plutôt mourir que de laisser
approcher qui que ce soit de cette voiture.

Ayant dit, le major s'empara des diamans de
la comtesse, les tint d'une main ; et, tirant de
l'autre son sabre, il se mit à frapper à grands
coups sur ceux des dormeurs qu'il jugeait devoir être les plus intrépides.

Il réussit à réveiller le grenadier colossal et
deux autres hommes dont il était impossible
de connaître le grade.

— Nous sommes *flambés !*.... leur dit-il.

— Je le sais bien.... répondit le grenadier.

— Hé bien ! mort pour mort, ne vaut-il pas
mieux vendre sa vie pour une jolie femme, et
risquer de revoir encore la France....

— J'aime mieux dormir.... dit un homme en
se roulant sur la neige. Et si tu me touches
encore, major, je te *fiche* mon briquet dans le
ventre....

— De quoi s'agit-il, mon officier? reprit le grenadier. Cet homme est ivre! C'est un Parisien; ça aime ses aises...

— Ceci sera pour toi, brave grenadier! s'écria le major en lui présentant une rivière de diamans, si tu veux me suivre et te battre comme un enragé.... Les Russes sont à dix minutes de marche; ils ont des chevaux; nous allons marcher sur leur première batterie et ramener deux lapins...

— Mais les sentinelles, major?....

— L'un de nous trois.... dit-il au soldat.

Il l'interrompit, et regardant l'aide-de-camp:

— Vous venez, Hippolyte, n'est-ce pas?... reprit-il.

— L'un de nous, dit-il alors en continuant, se chargera de la sentinelle... D'ailleurs ils dorment peut-être aussi ces s..... Russes.

— Va, major, tu es un brave..... Mais tu me mettras dans ton berlingot? dit le grenadier.

— Oui, si tu ne laisses pas ta peau là-haut.....

Ces trois hommes se serrèrent la main, et il y eut un moment de silence.

— Si je succombais, Hippolyte ? Et toi, grenadier, promettez-moi de vous dévouer au salut de la comtesse.

— Convenu !.... s'écria le grenadier.

Ces trois braves se dirigèrent vers la ligne russe, sur les batteries qui avaient si cruellement foudroyé la masse de malheureux gisant sur le bord de la rivière.

Ils y allèrent trois, deux seulement revinrent.

Une heure après, le galop de deux chevaux retentissait sur la neige, et la batterie réveillée envoyait des volées qui passaient sur la tête des dormeurs; le pas des chevaux était si précipité, qu'on eût dit des maréchaux battant un fer. Le généreux aide-de-camp avait succombé. Le grenadier athlétique était sain et sauf. Mais

Philippe, en défendant son ami, avait reçu un coup de baïonnette dans l'épaule. Néanmoins il se cramponnait aux crins du cheval, et le serrait si bien avec ses jambes que le cheval se trouvait comme dans un étau.

— Dieu soit loué!... s'écria le major en retrouvant son soldat immobile, et la voiture à sa place.

— Si vous êtes juste, mon officier, vous me ferez avoir la croix!... Nous avons joliment joué de la clarinette et du bancal... hein?...

— Nous n'avons rien fait!...... Attelons les chevaux. Prenez ces cordes.

— Il n'y en a pas assez.

— Eh bien! grenadier, mettez-moi la main sur ces dormeurs, et servez-vous de leurs châles, de leur linge...

— Tiens, il est mort, ce farceur-là!...... s'écria le grenadier en dépouillant le premier auquel il s'adressa. — Ils sont morts!...

— Tous?

— Oui, tous !... Indigestion de cheval, accompagnée de neige et de feu !...

Ces paroles firent trembler Philippe. Le froid avait redoublé.

— Dieu ! perdre une femme que j'ai déjà vingt fois sauvée !...

Le major secoua la comtesse en criant :

— Julie... Julie !...

La jeune femme leva la tête, et ouvrit les yeux.

— Eh bien, madame ! nous sommes sauvés.

— Sauvés !... répéta-t-elle en retombant.

Enfin les chevaux furent attelés tant bien que mal. Le major, tenant son sabre de sa meilleure main, gardant les guides de l'autre, armé de ses pistolets, monta sur un des chevaux, et le grenadier sur le second.

Le soldat, dont les pieds étaient gelés, avait

été jeté en travers de la voiture, sur le général et sur la comtesse.

Les chevaux, étant excités à coups de sabre et de briquet, emportèrent l'équipage, avec une sorte de furie, à travers la plaine. Mais d'innombrables difficultés y attendaient le major. Quand il arriva au milieu de la foule, il lui fut impossible d'avancer sans risquer d'écraser des hommes, des femmes, et jusqu'à des enfans endormis, apathiques. En vain chercha-t-il la route que l'arrière-garde s'était frayée naguère au milieu de cette masse d'hommes, il n'allait qu'au pas, le plus souvent arrêté par les soldats qui le menaçaient de tuer ses chevaux.

— Voulez-vous arriver? s'écria le grenadier.

— Au prix de tout mon sang!... au prix du monde entier!... répondit le major.

— Marche!... On ne fait pas d'omelettes sans casser des œufs!...

Et le grenadier de la garde poussa les chevaux sur les hommes, ensanglanta les roues, renversa les bivouacs, se traçant un double sillon de mort à travers ce champ de têtes. Mais il faut lui rendre la justice de dire qu'il ne se fit jamais faute de crier d'une voix tonnante :

— Gare donc, charognes!

— Les malheureux!... s'écria le major.

— Ah bien! ça ou le froid, ça ou le canon!...

Et le grenadier animait les chevaux en les piquant avec la pointe de son sabre. Mais une catastrophe qui aurait dû arriver bien plus tôt, et dont un hasard fabuleux les avait préservés jusque-là, éclata tout-à-coup. La voiture versa.

— Je m'y attendais!... s'écria l'imperturbable grenadier. Oh! oh! le camarade est mort.

— Pauvre Laurent!... dit le major.

— Ah! s'il s'appelait Laurent! N'est-il pas du cinquième chasseurs?

— Oui...

— C'est mon cousin. Bah! la chienne de vie n'est pas assez heureuse pour qu'on la regrette par le temps qu'il fait.

La voiture ne fut pas relevée, les chevaux ne furent pas dégagés sans une perte de temps immense, irréparable.

Le choc avait été si violent que la jeune comtesse, réveillée et tirée de son engourdissement par la commotion, se débarrassa de ses vêtemens, et se leva. Elle regarda autour d'elle.

— Philippe!... s'écria-t-elle d'une voix douce, où sommes-nous?

— A cinq cents pas du pont. Nous allons passer la Bérésina. De l'autre côté de la rivière, Julie, je ne vous tourmenterai plus!... Je vous laisserai dormir. Nous serons en sûreté... nous gagnerons tranquillement Wilna. Et, Dieu veuille que vous ne sachiez jamais ce que votre vie m'aura coûté!

— Tu es blessé ?

— Ce n'est rien.

Mais le dénouement était arrivé.

Le canon des Russes annonça le jour. Maîtres de Studzianka, ils foudroyaient la plaine ; et, aux premières lueurs du matin, le major voyait leurs colonnes se formant, se remuant sur les hauteurs.

Alors un cri d'alarme s'éleva du sein de la multitude. Cette foule fut debout en un moment. Chacun comprit instinctivement le péril. Tous se dirigèrent vers le pont par un mouvement de vague. Les Russes descendaient avec la rapidité de l'incendie. Hommes, femmes, enfans, chevaux, tout marcha sur le pont. Heureusement pour le major et la comtesse qu'ils se trouvaient encore éloignés de la rive, car le général Éblé venait de mettre le feu aux chevalets de l'autre bord.

Malgré les avertissemens donnés à ceux qui envahissaient cette planche de salut, personne ne voulut reculer. Non seulement le pont s'abîma chargé de monde; mais l'impétuosité du flot d'hommes qui arrivait sur cette fatale berge était si furieuse, qu'une masse humaine fut précipitée dans les eaux comme une avalanche, comme un quartier de roche compact, des têtes, des corps; pas un cri, mais le bruit sourd d'une pierre qui tombe à l'eau. La Bérésina fut couverte de cadavres. Le mouvement rétrograde de ceux qui se reculèrent dans la plaine pour échapper à cette mort fut si violent, et le choc avec ceux qui marchaient en avant fut si terrible, qu'un grand nombre de gens moururent étouffés. Le comte et la comtesse de Vandières durent la vie à leur voiture. Les chevaux périrent écrasés, foulés aux pieds après avoir écrasé, pétri une masse de monde.

Le major et le grenadier trouvèrent leur salut dans leur force. Ils tuaient pour n'être pas tués.

Cet ouragan de faces humaines, ce flux et reflux de corps animés par un même mouvement eut pour résultat de laisser pendant quelques momens la rive de la Bérésina déserte. La multitude s'était rejetée dans la plaine. Si quelques hommes se lancèrent à la rivière du haut de la berge élevée de douze pieds, ce fut autant dans l'espoir d'atteindre l'autre rive, qui, pour eux, était la France, que pour éviter les déserts de la Sibérie. Le désespoir devint une égide pour quelques autres : un officier sauta de glaçon en glaçon jusqu'à l'autre bord ; un soldat rampa miraculeusement sur un amas de cadavres et de glaçons. Mais l'immense population comprit que les Russes ne tueraient pas vingt mille hommes sans armes, engourdis, stupides, et qui ne se défendaient pas.

Alors le major, son grenadier, le vieux général et sa femme restèrent seuls, à quelques pas de l'endroit où était le pont. Ils étaient là, tous quatre debout, les yeux secs, silencieux, entourés d'une masse de froids cadavres.

Quelques soldats valides, quelques officiers auxquels la circonstance rendait toute leur énergie se trouvaient avec eux. Ce groupe assez nombreux comptait environ cinquante hommes. Le major aperçut à deux cents pas de là les ruines de l'ancien pont des voitures qui s'était brisé l'avant-veille.

— Allons faire un radeau !... s'écria-t-il.

A peine avait-il laissé tomber cette parole que le groupe entier courut vers ces débris. Trente hommes s'employèrent à la construction de l'embarcation. Vingt autres se mirent à ramasser des crampons de fer, à chercher des pièces de bois, des cordes, enfin tous les matériaux nécessaires. Une vingtaine de soldats et d'officiers armés formèrent une garde commandée par le major pour protéger les travailleurs contre les attaques désespérées que pourrait tenter la foule en devinant leur dessein. Le sentiment de la liberté qui anime les prisonniers et qui leur fait faire des miracles ne peut pas se comparer à celui qui poussait ces malheureux Français.

— Voilà les Russes !... voilà les Russes !... criaient ceux qui défendaient les travailleurs.

Et les bois criaient, le plancher croissait de

largeur, de hauteur, de profondeur. Généraux, soldats, colonels, pliaient sous le poids des roues, des fers, des cordes, des planches : c'était une image réelle de la construction de l'arche de Noé.

La jeune comtesse, assise auprès de son mari, contemplait ce spectacle avec le regret de ne pouvoir contribuer en rien à ce travail. Cependant elle aidait à faire des nœuds pour consolider les cordages.

Enfin, le radeau fut achevé. Quarante hommes le lancèrent dans les eaux de la rivière, tandis qu'une dizaine de soldats tenaient les cordes qui devaient servir à l'amarrer près de la berge.

Aussitôt que les constructeurs virent leur embarcation flotter sur la Bérésina, ils s'y jetèrent du haut de la rive avec un horrible égoïsme.

En ce moment, le radeau fut couvert d'hommes.

Le major, craignant la fureur de ce premier

mouvement, tenait Julie et le général par la main; mais il frissonna quand il vit l'embarcation noire de monde et les hommes pressés dessus comme des spectateurs au parterre d'un théâtre.

— Sauvages!... s'écria-t-il, c'est moi qui vous ai donné l'idée!... Je suis votre sauveur et vous me refusez une place!...

Une rumeur confuse lui servit de réponse... Mais les hommes placés au bord du radeau, et armés de bâtons qu'ils appuyaient sur la berge, poussaient avec violence le train de bois, pour le lancer vers l'autre bord et lui faire fendre les glaçons et les cadavres.

— S.... n.. d. d... s'écria le grenadier d'une voix terrible, je vous *fiche* à l'eau si vous ne recevez pas le major et ses deux compagnons!...

Et le grenadier, levant son sabre, empêcha le départ; puis, malgré un cri horrible, il fit serrer les rangs.

— Je vais tomber ! je tombe ! criaient ses compagnons. Partons ! en avant !

Le major regardait d'un œil sec sa Julie, qui levait les yeux au ciel par un sentiment de résignation sublime.

— Mourir avec toi !... dit-elle.

Il y avait quelque chose de comique dans la situation des gens installés sur le radeau. Tous criaient, mais aucun d'eux n'osait résister au grenadier, parce qu'ils le savaient homme à jeter tout le monde à l'eau, en culbutant une seule personne : dans ce danger, un colonel essaya de pousser le grenadier ; mais le malin soldat, s'apercevant du mouvement hostile de l'officier, le saisit et le précipita dans l'eau en lui disant :

— Ah ! ah ! canard, tu veux boire !... Va !...

— Voilà deux places ! s'écria-t-il. Allons, major, jetez-nous votre petite femme et venez ! Laissez ce vieux roquentin qui crèvera demain...

— Dépêchez!... cria une voix composée de cent voix.

— Allons, major... Ils grognent, les autres, et ils ont raison... Allons...

Le comte de Vandières se débarrassa de ses vêtemens, et se montra debout dans son uniforme de général.

— Il faut sauver le comte!... dit Philippe, c'est votre devoir...

Julie serra la main de son ami. Elle se jeta sur lui et l'embrassa. Ce fut une horrible étreinte.

— Adieu!... dit-elle.

Ils s'étaient compris.

Le comte de Vandières retrouva ses forces et toute sa présence d'esprit pour sauter dans l'embarcation. Julie le suivit après avoir donné un dernier regard à Philippe.

— Major!... voulez-vous ma place?... Je me

moque de la vie, s'écria le grenadier. — Je n'ai ni femme, ni enfant, ni mère...

— Je te les confie!... cria le major en désignant le comte et sa femme.

— Soyez tranquille... j'en aurai soin comme de mon œil...

Le radeau fut lancé avec tant de violence vers la rive opposée à celle où Philippe restait immobile, qu'en touchant la terre une secousse affreuse ébranla tout. Le comte était au bord, il roula dans la rivière; et, au moment où il tombait, un glaçon lui coupa la tête, et la lança au loin, comme un boulet.

— Hein!... major!... cria le grenadier.

— Adieu!... cria une femme.

Philippe de Sucy tomba pétrifié d'horreur, accablé par le froid, le regret, la fatigue et le chagrin. . . . .
. . . . ;

— Ma pauvre nièce était devenue folle,

ajouta le médecin après un moment de silence.

— Ah! monsieur, reprit-il en saisissant la main de M. d'Albon, quelle vie cette petite femme, si jeune, si délicate, a menée! A Wilna, elle fut séparée, par un malheur inouï, de ce grenadier de la garde, nommé Fleuriot. Alors elle est restée, pendant deux ans, à la suite de l'armée, le jouet d'un tas de misérables. Elle allait, m'a-t-on dit, pieds nus, mal vêtue, restant des mois entiers sans soin, sans nourriture; tantôt gardée dans des hôpitaux, tantôt chassée comme un animal. — Mais Dieu seul connaît la vie de cette infortunée. Elle a survécu à tant de malheurs!... Elle était dans une petite ville d'Allemagne, enfermée avec des fous, pendant que ses parens partageaient ici sa succession, en la croyant morte.

— En 1816, le grenadier Fleuriot la reconnut dans une auberge de Strasbourg, où elle venait d'arriver. Elle s'était sauvée de sa prison. Quelques paysans assurèrent au grenadier que la comtesse avait vécu un mois entier dans une forêt, et qu'ils l'avaient traquée pour s'emparer d'elle, sans pouvoir y parvenir.

— J'étais alors à quelques lieues de Strasbourg. Entendant parler d'une fille sauvage, j'eus le désir de vérifier les faits extraordinaires qui donnaient matière à des contes ridicules. Que devins-je en reconnaissant la comtesse !... Fleuriot m'apprit tout ce qu'il savait de cette déplorable histoire. Je l'emmenai avec ma nièce en Auvergne. J'ai eu le malheur de perdre ce pauvre homme. Il avait un peu d'empire sur madame de Vandières. Lui seul a pu obtenir d'elle qu'elle s'habillât... — *Adieu!...* ce mot qui, pour elle, est toute la langue, elle le disait jadis rarement. Fleuriot avait entrepris de réveiller en elle, à l'aide de ces deux syllabes, quelques idées ; mais il a échoué, et n'a gagné que de lui faire prononcer plus souvent cette triste parole. Le grenadier savait jouer avec elle ; il savait... J'espérais par lui, mais...

M. Fanjat, tel était le nom de l'oncle de Julie, se tut pendant un moment.

— Ici, reprit-il, elle a trouvé une autre créature avec laquelle elle paraît s'entendre. C'est une paysanne idiote, qui, malgré sa laideur et sa stupidité, a aimé un maçon. Ce maçon a voulu l'épouser, parce qu'elle possède quelques quartiers de terre. La pauvre Geneviève a été pendant un an la plus heureuse créature qu'il y eût au monde. Elle allait le dimanche danser avec Dallot; elle se parait, elle comprenait l'amour; il y avait place dans son cœur et dans son esprit pour un sentiment. Mais Dallot a fait des réflexions; il a trouvé une jeune fille qui avait deux quartiers de terre de plus que Geneviève, et qui n'était pas sotte. Alors Dallot a laissé Geneviève, et la pauvre créature a perdu le peu d'intelligence que l'amour avait développée en elle; elle ne sait plus que garder les vaches et faire de l'herbe. Ces deux malheureuses sont en quelque sorte unies par la chaîne invisible de leur commune destinée, par le sentiment qui cause leur folie.

— Tenez, voyez!... dit M. Fanjat en conduisant le marquis d'Albon à la fenêtre.

Le magistrat aperçut en effet la jolie comtesse assise à terre entre les jambes de Geneviève. La paysanne, armée d'un énorme peigne d'os, mettait toute son attention à démêler la longue chevelure noire de Julie. Cette dernière se laissait faire. Elle jetait des petits cris étouffés qui marquaient plutôt du plaisir que de la répugnance.

M. d'Albon frissonna en voyant l'abandon du corps, la nonchalance animale qui trahissaient chez la comtesse une complète absence de l'âme.

— Philippe! Philippe! s'écria-t-il. Les malheurs passés ne sont rien.

— N'y a-t-il donc pas d'espoir?... demanda-t-il à M. Fanjat.

Le vieux médecin leva les yeux au ciel.

— Adieu, monsieur, dit M. d'Albon en serrant la main du vieillard. Mon ami m'attend; vous ne tarderez pas à le voir!...

— C'est donc elle!... s'écria M. de Sucy après avoir entendu les premiers mots du marquis d'Albon. Ah! j'en doutais encore!

Et quelques larmes s'échappèrent de ses yeux noirs, dont l'expression était habituellement si sévère.

— Oui, c'est la comtesse de Vandières... répondit le magistrat.

Le colonel se leva brusquement et s'empressa de s'habiller.

— Hé bien, Philippe!... dit le magistrat stupéfait. Deviendrais-tu fou?...

— Mais je ne souffre plus... répondit le colonel avec simplicité. Cette nouvelle a calmé toutes mes douleurs... Et... quel mal pourrait se faire sentir en présence de Julie — folle?... Je vais aux Bons-Hommes la voir, lui parler, la guérir... Elle est libre... Eh bien, le bonheur nous sourira, ou — il n'y aurait pas de Providence. Crois-tu donc que cette pauvre femme puisse m'entendre et ne pas recouvrer la raison?...

— Elle t'a déjà vu sans te reconnaître... répliqua doucement le magistrat, qui, s'apercevant de l'espérance exaltée de son ami, et doutant du succès, cherchait à lui inspirer des doutes salutaires.

Le colonel tressaillit ; mais il se mit à sourire en laissant échapper un léger mouvement d'incrédulité.

Personne n'osa s'opposer au dessein de M. de Sucy. En peu d'heures, il fut établi dans le vieux prieuré, auprès du médecin, et sous le même toit que la comtesse de Vandières.

— Où est-elle ?... s'écria-t-il en arrivant.

— Chut !... lui répondit l'oncle de Julie... Elle dort... Tenez, la voici.

En suivant M. Fanjat, Philippe vit la pauvre folle accroupie au soleil sur un banc. Sa tête était protégée contre les ardeurs de l'air par une forêt de cheveux épars sur son visage ; ses bras pendaient avec grâce jusqu'à terre ; son corps gisait élégamment posé comme celui d'une biche; ses pieds étaient pliés sous elle, sans effort ; son sein se soulevait par intervalles égaux ; sa peau, son teint, avaient cette blancheur de porcelaine qui nous fait tant admirer la figure transparente des enfans.

Immobile auprès d'elle, Geneviève tenait à la main un rameau de peuplier que Julie avait sans doute été détacher de la plus haute cime d'un arbre, et l'idiote agitait doucement ce feuillage au-dessus de sa compagne endormie, pour chasser les mouches et fraîchir l'atmosphère. La paysanne regarda M. Fanjat et le colonel ; puis, comme un animal qui reconnaît son maître, elle retourna lentement la tête vers Julie, et continua de veiller sur son sommeil, sans avoir donné la moindre marque d'étonnement ou d'intelligence.

L'air était brûlant. Le banc de pierre semblait étinceler, et la prairie élançait vers le ciel ces lutines vapeurs qui voltigent et flambent au-dessus des herbes comme une poussière d'or ; mais Geneviève paraissait ne pas sentir cette chaleur dévorante.

Le colonel serra violemment les mains de M. Fanjat dans les siennes. Des pleurs échappés des yeux du militaire roulèrent le long de ses joues mâles, et tombèrent sur le gazon, aux pieds de Julie.

— Monsieur, dit l'oncle, voilà deux ans que mon cœur se brise tous les jours... Bientôt vous serez comme moi... Vous ne pleurerez pas, mais vous sentirez votre douleur peut-être plus profondément...

— Vous l'avez soignée!... dit le colonel dont les yeux exprimaient autant de reconnaissance que de jalousie.

Ces deux hommes s'entendirent; et, de nouveau, se pressant fortement la main, ils restèrent immobiles, contemplant le calme admirable que le sommeil répandait sur cette charmante créature. De temps en temps, Julie poussait un soupir, et ce soupir, qui avait toutes les apparences de la sensibilité, faisait frissonner d'aise le malheureux colonel.

— Hélas!... lui dit doucement M. Fanjat, ne

vous abusez pas, monsieur, vous la voyez en
ce moment avec toute sa raison.

Ceux qui sont restés avec délices pendant
des heures entières occupés à voir dormir une
personne tendrement aimée, dont les yeux devaient leur sourire au réveil, comprendront
sans doute le sentiment doux et terrible qui
agitait M. de Sucy; car, pour lui, ce sommeil
était une illusion, et le réveil devait être une
mort, la plus horrible de toutes les morts.

Tout-à-coup un jeune chevreau accourut en
trois bonds vers le banc et flaira Julie. Ce
bruit la réveilla. Elle se mit légèrement sur ses
pieds, sans que ce mouvement effrayât le capricieux animal; mais quand elle eut aperçu
Philippe, elle se sauva, suivie de son compagnon quadrupède, jusqu'à une haie de sureaux.
Puis, elle jeta ce peti cri d'oiseau effarouché
que le colonel avait entendu déjà près de la
grille où la comtesse apparut à M. d'Albon
pour la première fois. Enfin, grimpant sur un
faux ébénier, et, nichée dans la houppe verte
de cet arbre, elle se mit à regarder l'inconnu

avec l'attention du plus curieux de tous les rossignols de la forêt.

— Adieu, adieu, adieu! dit-elle, sans que l'âme communiquât une seule inflexion de voix à ce mot.

C'était l'insensibilité de l'oiseau sifflant son air.

— Elle ne me reconnaît pas!... s'écria le colonel au désespoir... Julie! Julie!... c'est Philippe, ton Philippe... Philippe...

Et le pauvre militaire s'avançait vers l'ébénier.

Quand il parvint à trois pas de l'arbre, la comtesse le regarda, comme pour le défier, malgré une sorte d'expression craintive qui passa dans son œil; puis, d'un seul bond, elle se sauva de l'ébénier sur un acacia, et, de là, sur un sapin du nord, au faîte duquel elle se balança, grimpant de branche en branche avec une légèreté inouïe.

— Ne la poursuivez pas... dit M. Fanjat au colonel. Vous mettriez entre elle et vous une aversion qui pourrait devenir insurmontable. Je vous aiderai à vous en faire connaître et à l'apprivoiser... Venez sur ce banc. Si vous ne faites point attention à elle... alors vous ne tarderez pas à la voir s'approcher insensiblement pour vous examiner...

—Julie ne pas me reconnaître, et me fuir!... répéta le colonel en s'asseyant.

Il s'appuya le dos contre un arbre dont le feuillage ombrageait un banc rustique, et sa tête se pencha sur sa poitrine.

M. Fanjat garda le silence.

Bientôt la comtesse descendit doucement du haut de son sapin, en voltigeant comme un feu follet, en se laissant aller parfois aux ondulations que le vent imprimait aux arbres. Elle s'arrêtait à chaque branche pour épier l'étranger; mais, en le voyant immobile, elle finit par sauter sur l'herbe, et, se mettant debout, elle vint à lui d'un pas lent, à travers la prairie.

Quand elle se fut posée contre un arbre qui

se trouvait à dix pieds environ du banc, M. Fanjat dit à voix basse au colonel :

— Prenez bien adroitement, dans ma poche droite, quelques morceaux de sucre. Montrez-les-lui... Elle viendra... Je renoncerai volontiers, en votre faveur, à lui donner des friandises. A l'aide du sucre, vous en ferez tout ce que vous voudrez : ce goût est chez elle une passion.

— Quand elle était femme, répondit tristement Philippe, elle n'aimait rien de tout cela...

Lorsque le colonel agita vers Julie un morceau de sucre qu'il tenait entre le pouce et l'index de la main droite, elle poussa de nouveau son cri sauvage, et s'élança vivement sur Philippe; mais elle s'arrêta, combattue par la peur instinctive que lui causait l'*étranger* : elle regardait le sucre et détournait la tête alternativement, comme ces malheureux chiens à qui leurs maîtres défendent de toucher à un mets avant une des dernières lettres de l'alphabet qu'il récitent lentement. Enfin la passion bestiale triompha de la peur, et Julie se précipita sur Philippe. Elle avança timidement sa jolie main brune pour saisir sa proie, et alors force lui fut de toucher la main de Philippe. Elle attrapa le morceau de sucre et s'enfuit.

Cette horrible scène acheva d'accabler le colonel. Il fondit en larmes et s'enfuit dans le salon du prieuré.

— L'amour aurait-il donc moins de courage que l'amitié?... lui dit M. Fanjat, qui l'avait suivi. J'ai de l'espoir, monsieur le baron!... Ma pauvre nièce était dans un état bien plus déplorable.

— Plus déplorable!... s'écria Philippe.

— Oui, reprit le médecin. Elle restait nue.

Le colonel fit un geste d'horreur et pâlit. M. Fanjat, croyant reconnaître dans cette pâleur quelques fâcheux symptômes, vint lui tâter le pouls. Il était en proie à une violente fièvre. Le médecin obtint de lui qu'il se couchât, et lui prépara une légère dose d'opium, afin de lui procurer un sommeil désarmé d'images douloureuses.

Huit jours environ s'écoulèrent, pendant

lesquels le baron de Sucy se trouva souvent aux prises avec des angoisses mortelles ; mais ses yeux n'eurent bientôt plus de larmes, et son âme, si souvent brisée, sans s'accoutumer au spectacle que lui présentait la folie de la comtesse, pactisa, pour ainsi dire, avec cette cruelle situation. Il trouva des adoucissemens dans sa douleur : il souffrait plus ou moins, mais il souffrait toujours. Son héroïsme ne connaissait pas de bornes. Il eut le courage d'apprivoiser Julie, en lui choisissant des friandises dont il était prodigue. Il mettait tant de coquetterie et de grâce à lui apporter cette nourriture, il sut si bien graduer les modestes conquêtes qu'il voulait faire sur l'instinct de la créature, dernier lambeau d'intelligence dont jouissait Julie, qu'il parvint à la rendre plus *privée* qu'elle ne l'avait jamais été.

Lorsque l'infortuné colonel descendait le matin dans le parc, et qu'il avait cherché vainement la comtesse, ne sachant sur quel arbre elle se balançait mollement, ni avec quel oiseau, avec quel chien elle jouait, sur quel toit elle était perchée, il sifflait l'air si célèbre de : *Partant pour la Syrie*, auquel se rattachait le souvenir d'une scène d'amour; et, aussitôt, Julie accourait à lui avec la légèreté d'un faon.

Bientôt Philippe sut l'accoutumer à s'asseoir sur lui, à passer son bras frais et agile autour de lui; et, dans cette attitude chère aux amans, il donnait lentement, à la friande comtesse, une pitance de sucreries. Julie finit par connaître le baron, et par s'habituer à le voir. Elle ne s'en effraya plus. Souvent, après avoir mangé tout le sucre, elle visitait avec une curiosité comique toutes les poches des vêtemens de son ami, et ses gestes avaient la vélocité mécanique des mouvemens du singe. Quand elle était bien sûre qu'il n'y avait plus rien, elle regardait Philippe d'un œil clair, sans idées, sans reconnaissance, et jouait avec lui. Elle essayait de lui ôter ses bottes pour voir son pied, elle déchirait ses gants; mettait son chapeau, mais elle lui laissait passer les mains dans sa chevelure, et lui permettait de la prendre dans ses bras. Elle recevait sans plaisir des baisers ardens, et le regardait silencieusement quand il versait des larmes. Elle comprenait bien le sifflement de : *Partant pour la Syrie;* mais le colonel perdit toutes ses peines en tâchant de lui apprendre son propre nom de *Julie !*...

Il était soutenu dans son horrible entreprise par un espoir qui ne l'abandonnait jamais. Si, par une belle matinée d'automne, il voyait la comtesse assise tranquillement sur un banc, sous un peuplier jauni, le pauvre amant se couchait à ses pieds, et il la regardait dans les yeux aussi long-temps qu'elle voulait bien se laisser voir. Il épiait alors la lumière vive qui s'échappait de sa prunelle, espérant toujours que ce miroir cesserait d'être insensible, et que cette flamme redeviendrait intelligente. Parfois, se faisant illusion, il croyait avoir aperçu ces rayons durs et immobiles, vibrant de nouveau, amollis, vivans, et il s'écriait :

— Julie !... Julie !... tu m'entends... tu me vois !...

Mais elle écoutait le son de cette voix comme un bruit, comme l'effort du vent qui agitait les arbres, comme le mugissement de la vache sur laquelle elle grimpait; et le colonel se tordait les mains de désespoir, car son désespoir était toujours nouveau. Le temps et ces vaines épreuves ne faisaient qu'augmenter sa douleur.

Un soir, par un ciel calme, au milieu du silence et de la paix de ce champêtre asile, M. Fanjat aperçut de loin le baron occupé à charger un pistolet. Le vieux médecin comprit que Philippe n'avait plus d'espoir. Il sentit tout son sang affluant à son cœur, et s'il résista au vertige qui s'emparait de lui, c'est qu'il aimait mieux voir sa nièce vivante et folle que morte. Il accourut.

— Que faites-vous ?... lui dit-il.

— Ceci est pour moi, répondit le colonel en montrant sur le banc un pistolet chargé, et — voilà pour elle!... ajouta-t-il en achevant de fouler la bourre au fond de l'arme qu'il tenait.

La comtesse était étendue à terre, jouant avec les balles, jouant avec la mort.

— Vous ne savez donc pas, reprit froidement le médecin, qui dissimulait son épouvante, que cette nuit, en dormant, elle a dit : — Philippe!...

— Elle m'a nommé!... s'écria le baron en laissant tomber le pistolet que Julie ramassa.

Alors, arrachant l'arme des mains de la comtesse avec effroi, il s'empara de celle qui était sur le banc, et se sauva.

— Pauvre petite!... s'écria le médecin, heureux du succès qu'avait eu sa supercherie.

Il pressa la folle sur son sein, et dit en continuant :

— Il t'aurait tuée... Égoïste! il veut te donner la mort parce qu'il souffre... Il ne sait pas t'aimer pour toi, mon enfant!... Nous lui pardonnons, n'est-ce pas?... car il est insensé, et toi? — tu n'es que folle... Va! Dieu seul doit te rappeler près de lui... Nous te croyons malheureuse, parce que tu ne participes plus à nos misères!... Sots que nous sommes!...

Puis, l'asseyant sur ses genoux :

— Mais, dit-il, tu es heureuse, rien ne te gêne; tu vis comme l'oiseau, comme le daim...

Elle s'élança sur un jeune merle qui sautillait, le prit; et, jetant à plusieurs reprises un petit cri de satisfaction, elle étouffa l'animal, et le laissa au pied d'un arbre sans plus y penser.

Le lendemain, aussitôt qu'il fit jour, M. de Sucy descendit dans les jardins et chercha Julie. Il croyait au bonheur. Ne la trouvant pas, il siffla. Quand sa maîtresse fut venue, il la prit par le bras; et, marchant pour la première fois ensemble, ils allèrent sous un berceau d'arbres flétris dont les feuilles tombaient sous l'effort de la brise matinale. Le colonel s'assit, et Julie se posa d'elle-même sur lui. Philippe en trembla d'aise.

— Julie, lui dit-il en baisant avec ardeur les mains de la comtesse, je suis Philippe...

Elle le regarda avec curiosité.

— Viens, ajouta-t-il en la pressant. Sens-tu mon cœur?... Il n'a battu que pour toi... Je t'aime toujours. Philippe n'est pas mort; il est là... tu es sur lui... tu es Julie, et je suis Philippe.

— Adieu, dit-elle, adieu.

Le colonel frissonna, car il crut s'apercevoir

qu'il communiquait son exaltation à l'infortunée. Son cri déchirant, excité par l'espoir, ce dernier effort d'un amour éternel, d'une passion délirante, réveillait la raison de son amie.

— Ah! ma Julie!... nous serons heureux...

Elle laissa échapper un cri de joie, et ses yeux eurent un vague éclair d'intelligence...

— Julie... Elle me reconnaît!... Julie!...

Le colonel sentit son cœur se gonfler, ses paupières devenir humides. Mais il vit tout-à-coup la comtesse lui montrer un peu de sucre qu'elle avait trouvé en le fouillant pendant qu'il parlait. Cette recherche et cette trouvaille avaient causé son erreur, et il avait pris pour une pensée humaine ce degré de raison que suppose la malice d'un singe.

Philippe perdit connaissance.

M. Fanjat trouva la comtesse assise sur le corps du colonel. Insensible, elle mordait le sucre en faisant des minauderies de plaisir qu'on aurait admirées si elle avait eu sa raison et qu'elle eût voulu imiter par plaisanterie une perruche, une jeune chatte, dont elle eût été folle.

— Ah! mon ami, s'écria Philippe en reprenant ses sens, je meurs tous les jours, à toutes les minutes!... J'aime trop... Je supporterais tout si, dans sa folie, elle avait gardé un peu du caractère féminin... Mais la voir dénuée de pudeur... la voir toujours sauvage...

— Il vous fallait donc une folie d'opéra?... dit aigrement M. Fanjat. Et vos dévouemens d'amour sont donc soumis à des préjugés? Hé quoi! monsieur, je me suis privé pour vous du triste bonheur de nourrir ma nièce; je vous ai laissé le plaisir de jouer avec elle; je n'ai gardé pour moi que les charges les plus pesantes. Pendant que vous dormez, je veille sur elle, je... Allez, monsieur, abandonnez-la. Quittez ce triste ermitage. Je sais vivre avec cette chère petite créature; je comprends sa folie, j'épie ses gestes, je suis dans ses secrets. — Un jour vous me remercierez!...

— Adieu!... s'écria Philippe.

Le colonel quitta les Bons-Hommes, pour n'y plus revenir qu'une fois.

M. Fanjat fut épouvanté de l'effet qu'il avait produit sur son hôte. Il commençait à l'aimer à l'égal de sa nièce. Si des deux amans il y en avait un digne de pitié, c'était certes Philippe; ne portait-il pas à lui seul le fardeau d'une épouvantable douleur !

Le médecin fit prendre des renseignemens sur le colonel, et il apprit que le malheureux s'était réfugié à une terre qu'il possédait près Saint-Germain.

Le baron avait, sur la foi d'un rêve, conçu un projet pour rendre à la comtesse toute sa raison ; et il employait, à l'insu du docteur, le reste de l'automne aux préparatifs de cette immense entreprise.

Une petite rivière coulait dans son parc. Elle inondait en hiver un grand marais qui ressemblait à peu près à celui qui s'étendait le long de la rive droite de la Bérésina. Le colonel employa un grand nombre d'ouvriers à creuser un canal qui représentât la dévorante rivière où s'étaient perdus les trésors de la France, Napoléon et son armée.

Aidé par ses souvenirs, Philippe réussit à copier dans son parc la rive abrupte où le général Éblé avait construit ses ponts. Il planta des chevalets et les brûla de manière à figurer les ais noirs et à demi-consumés qui, de chaque côté de la rive, avaient attesté aux traînards que la route de France leur était fermée. Le colonel fit apporter des débris semblables à ceux dont ses compagnons d'infortune s'étaient servis pour construire leur embarcation. Enfin, il ravagea son parc, afin de compléter l'illusion sur laquelle il fondait sa dernière espérance. Il commanda des uniformes et des costumes délabrés, afin de vêtir sept à huit cents paysans. Il éleva des cabanes, des bivouacs, des batteries, qu'il incendia, n'oubliant rien pour reproduire la plus horrible de toutes les scènes, et il atteignit son but.

Vers les premiers jours du mois de décembre, quand la neige eut revêtu la terre d'un épais manteau blanc, il reconnut la Bérésina. La Russie était, dans son parc, d'une épouvantable vérité ;

il en fit juges quelques uns de ses compagnons d'armes, qui frissonnèrent de souvenir à l'aspect d'un tableau si large de leurs anciennes misères. Il n'y avait pas jusqu'au village de V***, qui, situé sur une colline, achevait d'encadrer cette scène d'horreur, comme Studzianka enveloppait la plaine de la Bérésina. Sept ou huit cents ouvriers, parmi lesquels étaient quelques vieux soldats, répétèrent leurs rôles avec assez d'intelligence : ils semblaient ne pas sortir de leur vie habituelle en jouant le malheur, la faim et le froid. M. de Sucy gardait, au fond de son cœur, le secret de cette représentation tragique, dont, à cette époque, plusieurs sociétés parisiennes s'entretinrent comme d'une folie.

Au commencement du mois de janvier 1820, M. de Sucy monta dans une voiture semblable à celle qui avait amené M. et madame de Vandières de Moscou à Studzianka, et il se dirigea vers la forêt de l'Ile-Adam. Il était traîné par des chevaux pareils à ceux qu'il avait été chercher au péril de sa vie dans les rangs des Russes, et lui-même portait les vêtemens souillés et bizarres, les armes, la coiffure qu'il avait le 29 novembre 1812, ayant même laissé croître sa barbe, ses cheveux, ayant négligé son visage, pour que rien ne manquât à cette affreuse vérité.

— Je vous ai deviné!... s'écria M. Fanjat en voyant le colonel descendre de voiture.

Les deux amis s'embrassèrent.

— Si vous voulez que votre projet réussisse, ne vous montrez pas dans cet équipage. Ce soir, je ferai prendre à ma nièce un peu d'opium; puis, pendant son sommeil, nous l'habillerons comme elle l'était à Studzianka, et nous la mettrons dans cette voiture.... Je vous suivrai dans une berline.....

Sur les deux heures du matin, la jeune comtesse fut portée dans la voiture. Deux ou trois paysans éclairaient ce singulier enlèvement. Julie venait d'être posée sur des coussins, d'être enveloppée d'une couverture grossière; et, par les ordres du colonel, un homme jetait de la neige sur la voiture, quand un cri perçant retentit dans le silence de la nuit. Philippe et le médecin virent alors Geneviève qui sortait demie-nue de la chambre basse où elle couchait. L'idiote était éveillée. Ses cheveux blonds épars flottaient ; elle pleurait à chaudes larmes.

— Adieu!... adieu!... c'est fini... adieu!... criait-elle.

— Hé bien, Geneviève, qu'as-tu ?... lui dit M. Fanjat.

Geneviève agita la tête par un mouvement de désespoir, leva le bras vers le ciel, regarda la voiture, poussa un long grognement, donna des marques visibles d'une profonde terreur, et rentra silencieuse.

— Cela est de bon augure !... s'écria le colonel. Cette fille regrette de n'avoir plus de compagne... Elle *voit* peut-être que Julie va recouvrer la raison...

— Dieu le veuille !... dit M. Fanjat d'un son de voix profond.

Ce fut, ainsi que M. de Sucy l'avait calculé,

sur les neuf heures du matin que Julie traversa la plaine fictive de la Bérésina. Elle fut réveillée par une boîte qui partit à cent pas de l'endroit où la scène avait lieu. C'était un signal.

Mille paysans poussèrent une effroyable clameur, semblable au houra de désespoir qui alla épouvanter les Russes, quand vingt mille traînards se virent livrés, par leur faute, à la mort, à l'esclavage.

A ce cri, à ce coup de canon, la comtesse sauta hors de la voiture. Elle courut avec une délirante angoisse sur la plage neigeuse, elle vit les bivouacs brûlés, et le fatal radeau que l'on jetait dans une Bérésina glacée. Le major Philippe était là, faisant tournoyer son sabre sur la multitude. Julie laissa échapper un cri qui glaça tous les cœurs. Elle se plaça devant M. de Sucy, qui palpitait. Elle se recueillit, regarda d'abord vaguement cet étrange tableau. Pendant un instant, aussi rapide que l'éclair, ses yeux eurent la lucidité dépourvue d'intelligence que nous admirons dans l'œil éclatant des oiseaux ; mais Julie passa la main sur son front avec l'expression vive d'une personne qui médite; elle contempla ce souvenir vivant, cette vie passée traduits devant elle; et, tournant alors vivement la tête vers Philippe, *elle le vit.* Un affreux silence régnait. Le colonel haletait et n'osait parler. M. Fanjat pleurait. Le beau visage de Julie se colora faiblement; puis, de teinte en teinte, elle finit par reprendre l'éclat d'une jeune fille étincelante de fraîcheur. Son visage devint d'un beau pourpre. Le sang, la vie, animés par une intelligence flamboyante, gagnaient de proche en proche comme un incendie. Un tremblement convulsif se communiqua des pieds jusqu'au cœur. Enfin, ces phénomènes, qui éclatèrent en un moment, eurent comme un lien commun quand les yeux de Julie lancèrent un rayon céleste, une flamme animée. Elle vivait, elle pensait; aussi, frissonna-t-elle!... Dieu déliait lui-même une seconde fois cette langue morte, et jetait son feu dans cette âme éteinte. — La volonté vint.

— Julie! Julie!... cria le colonel.

— Oh! c'est Philippe!... dit la pauvre comtesse.

Elle se précipita dans les bras tremblans que le colonel lui tendait, et la délicieuse étreinte des deux amans effraya les spectateurs. Julie fondait en larmes. Tout-à-coup elle se tut, et dit d'un son de voix faible :

— Adieu, Philippe!... Je t'aime... adieu!

— Oh! elle est morte!... s'écria le colonel en ouvrant les bras.

Le vieux médecin reçut le corps inanimé de sa nièce; et, l'embrassant avec la vigueur du jeune âge, il l'emporta et s'assit avec elle dans un tas de bois. Il regarda la comtesse en lui posant sur le cœur une main débile et convulsivement agitée.

Le cœur ne battait plus.

— C'est donc vrai!... dit-il en contemplant tour à tour le colonel immobile et la figure de Julie sur laquelle la mort répandait cette beauté resplendissante, fugitive auréole, le gage peut-être d'un brillant avenir.

— Oui, elle est morte...

— Ah!... ce sourire!... s'écria Philippe, voyez donc ce sourire! Est ce possible?...

— Elle est déjà froide!... répondit M. Fanjat.

M. de Sucy fit quelques pas pour s'arracher à ce spectacle; mais il s'arrêta, siffla l'air qu'entendait la folle, et, ne voyant pas Julie accourir, il s'éloigna d'un pas chancelant, comme un homme ivre, sifflant toujours, mais ne se retournant plus.

Le général Philippe de Sucy passait dans le monde pour un homme très aimable et surtout très gai. Il y a quelques jours une dame le complimenta sur sa bonne humeur et sur l'égalité de son caractère.

— Ah! madame, lui dit-il, je paie mes plaisanteries bien cher, le soir, quand je suis seul.

— Êtes-vous donc seul?...

— Non, répondit-il en souriant.

Si un observateur judicieux de la nature humaine avait pu voir l'expression du comte de Sucy, il en eût frissonné peut-être.

— Pourquoi ne vous mariez-vous pas?... reprit cette dame qui avait plusieurs filles dans un pensionnat. Vous êtes riche, titré, de noblesse ancienne; vous avez des talens, de l'avenir, tout vous sourit...

— Oui, répondit-il, mais ce sourire me tue.

Le lendemain la dame apprit avec étonnement que M. de Sucy s'était brûlé la cervelle pendant la nuit.

La haute société s'entretint diversement de cet évènement extraordinaire, et chacun en cherchait la cause. Selon les goûts de chaque raisonneur, le jeu, l'amour, l'ambition, des désordres cachés, expliquaient cette catastrophe, dernière scène d'un drame qui avait commencé en 1812.

Deux hommes seulement, un magistrat et un vieux médecin, savaient que M. le comte de Sucy était un de ces hommes forts auxquels Dieu donne le malheureux pouvoir de sortir tous les jours triomphans d'un horrible combat qu'ils livrent à un monstre; mais si Dieu leur retire, pendant un moment, sa main puissante, ils succombent.

SCÈNE X.

LES CÉLIBATAIRES.

LES CÉLIBATAIRES.

Sur les neuf heures du soir, et vers la fin du mois d'octobre, l'abbé Birotteau, surpris par une averse en revenant de la maison où il avait été passer la soirée, traversait, aussi vite que son embonpoint pouvait le lui permettre, une petite place déserte nommée *le Cloître*, située à Tours, derrière le chevet de la cathédrale Saint-Gatien.

L'abbé Birotteau était un petit homme court, de constitution apoplectique, et qui, âgé d'environ soixante ans, avait déjà subi plusieurs attaques de goutte. Or, entre toutes les petites misères de la vie humaine, celle pour laquelle le bon prêtre avait le plus d'aversion, était le subit arrosement de ses souliers à larges agrafes d'argent et l'immersion de leurs semelles; car, si fortes qu'elles fussent, et malgré les chaussons de flanelle dont il s'empaquetait les pieds en tout temps avec le soin que les ecclésiastiques prennent d'eux-mêmes, il y gagnait toujours un peu d'humidité; puis, le lendemain, la goutte lui donnait infailliblement quelques preuves de sa constance.

Néanmoins, le pavé du cloître étant toujours sec, et l'abbé Birotteau ayant gagné trois livres dix sous au wisth chez madame de Listomère, cette petite félicité contribuait à lui faire endurer la pluie avec résignation depuis le milieu de la place de l'Archevêché, où elle avait commencé à tomber en abondance. Puis, en ce moment, occupé de caresser sa chimère, un désir déjà vieux de douze ans, un désir de prêtre, désir qui, formé tous les soirs, paraissait près de s'accomplir, il s'enveloppait trop bien dans l'aumusse d'un canonicat pour sentir les intempéries de l'air.

En effet, pendant la soirée, les personnes habituellement réunies chez madame de Listomère lui avaient presque garanti sa nomination à une place de chanoine, alors vacante au chapitre métropolitain de Saint-Gatien, en lui prouvant que personne ne la méritait mieux que lui, dont les droits long-temps méconnus étaient incontestables. S'il avait perdu au jeu, s'il avait appris que l'abbé Poirel, son concurrent, passait chanoine; alors, il eût trouvé la pluie bien froide, il eût peut-être maudit son existence; mais il se trouvait dans une de ces rares circonstances de la vie où les sensations de l'âme font tout oublier; et s'il hâtait le pas, c'était par un mouvement machinal; aussi, la vérité historique oblige à dire qu'il ne pensait ni à l'averse, ni à la goutte.

Il existe dans le cloître un passage qui aboutit à la grande rue. Les arcs-boutans de Saint-Gatien traversent les murs de la seule maison qu'il y ait à gauche de cette espèce de rue, et sont implantés dans son petit jardin étroit, de manière à laisser en doute si l'église a été bâtie avant ou après cet antique logis. Mais en examinant les arabesques, la forme des fenêtres, le cintre de la porte, et l'extérieur de cette maison brunie par le temps, il est facile de voir qu'elle devait appartenir au chapitre de la cathédrale, et faire autrefois partie du monument magnifique avec lequel elle est mariée. Un antiquaire, s'il y en avait à Tours, la ville la moins littéraire de France, pourrait même reconnaître, à l'entrée du passage dans le cloître, quelques vestiges de l'arcade gothique qui, s'harmoniant sans doute avec l'ensemble de l'édifice, formait jadis le portail des habitations ecclésiastiques placées dans cette partie du cloître, et réservées à ceux que leurs fonctions appelaient le plus souvent à l'église.

Cette maison, étant au nord de Saint-Gatien, se trouve continuellement dans les ombres projetées par cette grande cathédrale, sur laquelle le temps a jeté son manteau noir, imprimé ses rides, et semé son froid humide, ses mousses, ses hautes herbes. Aussi, cette habitation est-elle toujours enveloppée dans un profond silence, interrompu seulement par le bruit des cloches, par le chant des offices qui franchit les murs de l'église, ou par les cris des choucas logés dans le sommet des clochers.

Cet endroit est un désert de pierres, une solitude pleine de physionomie, et qui ne peut être habitée que par des êtres d'une nullité complète ou d'une force d'âme prodigieuse. Or, la maison dont il s'agit avait toujours été occupée par des abbés et appartenait à une vieille fille nommée mademoiselle Gamard. Quoique ce bien eût été acquis nationalement, pendant la terreur, par le père de mademoiselle Gamard, comme depuis vingt ans cette vieille fille y logeait des prêtres, personne ne s'avisait de trouver mauvais qu'une dévote conservât, sous la restauration, un bien national; soit que les gens religieux lui supposassent l'intention de le léguer au chapitre, soit que les gens du monde crussent que la destination n'en avait jamais été changée.

C'était vers cette maison, où il demeurait depuis deux ans, que se dirigeait l'abbé Birotteau. L'appartement qu'il y occupait avait été, comme l'était alors le canonicat, l'objet de son envie et son *hoc erat in votis* pendant une dizaine d'années. Être le pensionnaire de mademoiselle Gamard, et devenir chanoine, furent les deux grandes affaires de sa vie. Mais la convoitise de l'appartement où il était maintenant logé, ce sentiment si minime aux yeux des gens du monde, avait été pour lui toute une passion, passion pleine d'obstacles, et, comme toutes les passions, féconde en remords.

En effet, la distribution intérieure et la contenance de sa maison n'avaient pas permis à mademoiselle Gamard d'avoir plus de deux pensionnaires; or, environ douze ans avant le jour où M. Birotteau devint son pensionnaire, elle s'était chargée d'entretenir en joie et en santé M. l'abbé Troubert et M. l'abbé Chapeloud. M. l'abbé Troubert vivait; mais l'abbé Chapeloud étant mort, Birotteau lui avait immédiatement succédé.

Or, feu l'abbé Chapeloud, chanoine de Saint-Gatien, ayant été l'ami intime de l'abbé Birotteau, toutes les fois que celui-ci était jadis entré chez le chanoine, il en avait admiré l'appartement, les meubles, la bibliothèque; et de cette admiration naquit un jour l'envie d'être possesseur de toutes ces belles choses. Il lui avait été impossible d'étouffer ce désir, qui, souvent, le fit horriblement souffrir quand il venait à penser que la mort de son meilleur ami pouvait seule satisfaire cette cupidité cachée mais toujours croissante.

L'abbé Chapeloud, ainsi que son ami Birotteau, n'était pas riche. Tous deux fils de paysans, ils ne possédaient rien autre chose que les faibles émolumens accordés aux prêtres, et avaient épuisé leurs minces économies à passer les temps malheureux de la révolution. Quand Napoléon rétablit le culte catholique, l'abbé Chapeloud fut nommé chanoine de Saint-Gatien, et Birotteau devint vicaire de cette église. Ce fut alors que Chapeloud se mit en pension chez mademoiselle Gamard.

Lorsque Birotteau vint visiter le chanoine dans sa nouvelle demeure, il trouva l'appartement parfaitement bien distribué; mais il n'y vit rien autre chose, et le début de sa concupiscence mobilière fut semblable à celui d'une passion vraie qui, chez un jeune homme, commence par une froide admiration pour la femme que, plus tard, il aimera toujours.

Le logement était composé d'un grand salon et d'une chambre à coucher à laquelle attenait une petite cellule; puis d'une espèce de galerie en retour soutenue par des ogives, qui décoraient le fond du jardin. Cet appartement, que desservait un escalier en pierre, se trouvait situé dans un corps de logis à l'exposition du midi.

L'abbé Troubert occupait le rez-de-chaussée, et mademoiselle Gamard le premier étage du principal bâtiment donnant sur la rue.

Lorsque M. Chapeloud entra dans son logement, les pièces en étaient toutes nues, les plafonds noircis par la fumée, les chambranles des cheminées en pierre mal sculptée; et tout le mobilier que le pauvre chanoine put d'abord y mettre, consistait en un lit, une table, quelques chaises, et le peu de livres qu'il possédait : l'appartement était donc comme une belle femme en haillons. Mais deux ou trois ans après, une vieille dame dont il dirigeait la conscience lui ayant laissé deux mille francs par testament, il employa cette somme à l'emplète d'une bibliothèque en chêne, provenant de la démolition d'un château acheté par la bande noire. Cette bibliothèque était un très beau morceau, remarquable par des sculptures et par un travail dignes de l'admiration des connaisseurs et des artistes. L'abbé Chapeloud en fit l'acquisition, séduit par le bon marché, mais surtout par la parfaite concordance qui existait entre les dimensions de ce meuble et celles de sa galerie. Alors, les économies qu'il avait faites sur ses traitemens lui permirent de restaurer entièrement cette galerie; le parquet en fut soigneusement frotté, le plafond blanchi, les boiseries peintes de manière à figurer les couleurs naturelles, les belles teintes et les nœuds du chêne. Une cheminée en marbre toute neuve remplaça l'ancienne. Puis, le chanoine eut assez de goût pour chercher et trouver de vieux fauteuils en bois de noyer sculpté, une longue table en ébène et des meubles de Boulle par lesquels il compléta l'ensemble de cette galerie. Dans l'espace de deux ans, les libéralités de plusieurs personnes dévotes, et quelques legs de ses pieuses pénitentes remplirent de livres les rayons vides de la bibliothèque. Enfin, un de ses oncles, ancien oratorien, lui donna en mourant une collection complète in-folio des pères de l'église et plusieurs autres grands ouvrages précieux pour un ecclésiastique.

Alors, l'abbé Birotteau, surpris de plus en plus par les transformations successives de cette galerie jadis nue, arriva par degrés à une convoitise involontaire, souhaita posséder ce cabinet, si bien en rapport avec la gravité des mœurs ecclésiastiques ; et sa passion s'accrut de jour en jour. Restant là des journées entières à travailler, il pouvait apprécier le silence et la paix de cet asile, dont il n'avait primitivement apprécié que l'heureuse distribution.

Puis, les années suivantes, l'abbé Chapeloud fit de la cellule un oratoire que ses dévotes amies se plurent à embellir ; et, plus tard encore, une dame lui offrit, pour sa chambre, un meuble en tapisserie, qu'elle avait fait elle-même pendant long-temps sous les yeux de l'abbé, sans qu'il se doutât de cette destination. Alors, il en fut de la chambre à coucher comme de la galerie Enfin, l'abbé Chapeloud avait, trois ans avant sa mort, complété le confortable de son appartement en décorant le salon, dont le meuble, quoique simplement garni de velours d'Utrecht rouge, avait ébloui les yeux de Birotteau.

Depuis le jour où l'humble ami du chanoine vit les rideaux de lampasse rouge, les meubles d'acajou, le tapis d'Aubusson qui ornèrent cette vaste pièce peinte à neuf, l'appartement de Chapeloud devint pour lui l'objet d'une monomanie secrète. Y demeurer, se coucher dans le lit à grands rideaux de soie où couchait le chanoine, et trouver toutes ses aises autour de soi, comme les trouvait Chapeloud, fut pour lui le bonheur complet : il ne voyait rien au-delà. Tout ce que les choses du monde font naître d'envie et d'ambition dans le cœur des autres hommes, se résumait chez l'abbé Birotteau par le sentiment secret et profond avec lequel il désirait un intérieur semblable à celui que s'était créé l'abbé Chapeloud. Quand son ami tombait malade, il venait certes chez lui conduit par une sincère affection; mais, en apprenant l'indisposition du chanoine, ou en lui tenant compagnie, il s'élevait malgré lui, dans le fond de son âme, mille pensées dont la formule la plus simple était toujours :

— Si Chapeloud mourait, je pourrais avoir son logement...

Cependant, comme Birotteau avait un cœur excellent, des idées étroites et une intelligence bornée, il n'allait pas jusqu'à concevoir les moyens de se faire léguer la bibliothèque et les meubles de son ami.

L'abbé Chapeloud, homme franc, aimable et indulgent, devina la passion de son ami Birotteau, ce qui n'était pas difficile, et il la lui pardonna, ce qui doit être moins facile à un prêtre; mais aussi le vicaire, dont l'amitié resta toujours la même, ne cessa pas de se promener avec lui tous les jours dans la même allée du mail de Tours, sans lui faire tort un seul moment du temps consacré depuis vingt années à cette promenade. Birotteau, considérant ses vœux involontaires comme des fautes, eût été capable, par contrition, du plus grand dévouement pour l'abbé Chapeloud. Aussi, celui-ci paya-t-il sa dette envers une fraternité si naïvement sincère, en disant quelques jours avant sa mort à son ami, qui lui lisait la Quotidienne :

— Pour cette fois, tu auras l'appartement, car je sens que tout est fini pour moi.

En effet, par son testament, l'abbé Chapeloud légua sa bibliothèque et tout son mobilier à Birotteau. La possession de ces choses si vivement désirées, et la perspective d'être pris en pension par mademoiselle Gamard, adoucirent beaucoup la douleur que lui causa la perte de son ami le chanoine. Il ne l'aurait peut-être pas ressuscité, mais il le pleura. Pendant quelques jours, il fut comme Gargantua, dont la femme étant morte en accouchant de Pantagruel, ne savait s'il devait se réjouir de la naissance de son fils, ou se chagriner d'avoir enterré sa bonne Badbec, et qui se trompait en se réjouissant de la mort de sa femme, et déplorant la naissance de Pantagruel.

L'abbé Birotteau passa les premiers jours de

son deuil à vérifier les ouvrages de *sa* bibliothèque, à se servir de *ses* meubles, à les examiner, en disant d'un ton qui, malheureusement, n'a pu être noté :

— Pauvre Chapeloud!...

Enfin sa joie et sa douleur l'occupaient tant, qu'il ne ressentit aucune peine de voir donner à un autre la place de chanoine, dans laquelle feu Chapeloud espérait avoir Birotteau pour successeur. Mademoiselle Gamard ayant pris avec plaisir le vicaire en pension, il participa dès lors à toutes les félicités de la vie matérielle que lui vantait le défunt chanoine. Incalculables avantages!... car, à entendre feu M. l'abbé Chapeloud, aucun de tous les prêtres qui habitaient la ville de Tours ne pouvait être, sans excepter l'archevêque, l'objet de soins aussi délicats, aussi minutieux que ceux prodigués par mademoiselle Gamard à ses deux pensionnaires.

Les premiers mots que disait le chanoine à son ami, en se promenant sur le mail, avaient presque toujours trait au succulent dîner qu'il venait de faire, et il était bien rare que, pendant les sept promenades de la semaine, il ne lui arrivât pas de dire au moins quatorze fois :

— Cette excellente fille a, certes, pour vocation le service ecclésiastique.

— Pensez donc, disait l'abbé Chapeloud à Birotteau, que pendant douze années consécutives, jamais je n'ai manqué de linge, ni d'aubes, ni de surplis, ni de rabats. Je trouve toujours chaque chose en place et en nombre suffisant, tout bien blanc, en bonne odeur; mes meubles frottés, et toujours si bien essuyés, que, depuis long-temps, je ne connais plus la poussière. Avez-vous vu un grain de poussière chez moi?... Jamais!... Puis, le bois de chauffage est bien choisi; les choses toutes bonnes; bref, il semble que mademoiselle Gamard ait sans cesse un œil dans ma chambre, car je ne me souviens pas d'avoir sonné deux fois, en dix ans, pour demander quelque chose!... Voilà vivre!... N'avoir rien à chercher, pas même ses pantoufles!... Trouver toujours bon feu, bonne table... Enfin, mon soufflet m'impatientait, parce qu'il avait le larynx embarrassé... Je ne m'en suis pas plaint deux fois... le lendemain, elle m'a donné un très joli soufflet, et cette paire de badines avec lesquelles vous me voyez tisonner!...

Ces paroles accusaient un bonheur fantastique pour le pauvre vicaire, auquel ses rabats et ses aubes faisaient tourner la tête; et qui, n'ayant aucun ordre, oubliait assez fréquemment de commander son dîner. Aussi, soit en quêtant, soit en disant la messe, quand il apercevait mademoiselle Gamard à Saint-Gatien, jamais il ne manquait de lui jeter un regard doux et bienveillant, comme sainte Thérèse pouvait en jeter au ciel.

Enfin, le bien-être que désire toute créature et qu'il avait si souvent rêvé, lui était échu!... Cependant, comme il est difficile même à un prêtre de vivre sans un dada, depuis dix-huit mois, l'abbé Birotteau avait remplacé ses deux passions satisfaites par le souhait d'un canonicat. Le titre de chanoine était devenu pour lui ce que doit être la pairie pour un ministre plébéien. Aussi, la probabilité de sa nomination, les espérances qu'on venait de lui donner chez madame de Listomère, lui tournaient-elles si bien la tête qu'il ne se rappela d'y avoir oublié son parapluie qu'en arrivant à la porte de sa maison... Peut-être même sans la pluie qui tombait alors à torrens, ne s'en serait-il pas souvenu, tant il était absorbé par le plaisir avec lequel il rabâchait en lui-même tout ce que lui avaient dit, au sujet de sa promotion, les personnes de la société de madame de Listomère, vieille dame chez laquelle il allait passer la soirée du mercredi.

Le vicaire sonna vivement comme pour dire à la servante de ne pas le faire attendre; puis il se serra dans le coin de la porte, afin de se laisser arroser le moins possible; mais l'eau qui tombait du toit coula précisément sur le bout de ses souliers, et le vent poussa par momens sur lui certaines bouffées de pluie semblables à des douches. Alors, après avoir calculé le temps nécessaire pour sortir de la cuisine et venir tirer le cordon placé sous la porte, il sonna de nouveau et de manière à produire un carillon assez significatif.

— Ils ne peuvent pas être tous sortis!... se

dit-il en n'entendant aucun mouvement dans l'intérieur. Et pour la troisième fois il recommença sa sonnerie, qui retentit si aigrement dans la maison et fut si bien répétée par tous les échos de la cathédrale, qu'à ce factieux tapage il était impossible de ne pas se réveiller.

Aussi quelques instants après, il n'entendit pas sans un certain plaisir mêlé d'humeur, les sabots de la servante qui claquaient sur le petit pavé caillouteux dont la maison était bordée ; mais les peines du podagre ne finirent pas aussitôt qu'il le croyait, car au lieu de tirer le cordon, Marianne fut obligée d'ouvrir la serrure avec la grosse clef et de défaire les verrous.

— Comment me laissez-vous sonner trois fois par un temps pareil ?... dit-il à la servante.

— Mais, monsieur, vous voyez bien que la porte était fermée. Tout le monde est couché depuis long-temps ; les trois quarts de dix heures sont sonnés, et mademoiselle aura cru que vous n'étiez pas sorti...

— Mais vous m'avez bien vu partir, vous !..

D'ailleurs mademoiselle sait bien que tous les mercredis je vais chez madame de Listomère...

— Ma foi! monsieur, j'ai fait ce que mademoiselle m'a commandé de faire... répondit Marianne en refermant la porte.

Ces paroles portèrent à l'abbé Birotteau un coup qui lui fut d'autant plus sensible que sa rêverie l'avait rendu complètement heureux. Il se tut, suivit Marianne à la cuisine pour y prendre son bougeoir, qu'il supposait y avoir été mis. Mais, au lieu d'entrer dans la cuisine, Marianne mena l'abbé chez lui, où le vicaire aperçut son bougeoir sur une table qui se trouvait à la porte du salon rouge, dans une espèce d'antichambre formée par le pallier de l'escalier auquel le défunt chanoine avait adapté une grande clôture vitrée. Muet de surprise, il entra promptement dans sa chambre; et, n'y voyant pas briller le feu de la cheminée, il appela Marianne, qui n'avait pas encore eu le temps de descendre:

— Vous ne m'avez donc pas allumé de feu? dit-il.

— Pardon, monsieur l'abbé, répondit-elle. Il se sera éteint

M. Birotteau regardant de nouveau le foyer, s'assura que le feu était resté couvert depuis le matin.

— J'ai besoin de me sécher les pieds, reprit-il, faites-moi du feu...

Marianne obéit avec la promptitude d'une personne qui avait envie de dormir. Tout en cherchant lui-même ses pantoufles qu'il ne trouvait pas au milieu de son tapis de lit, comme elles y étaient jadis, l'abbé fit sur la manière dont Marianne était habillée certaines observations par lesquelles il lui fut démontré qu'elle ne sortait pas de son lit, comme elle le lui avait dit. Alors, il se souvint que, depuis environ quinze jours, il était sevré de tous ces petits soins qui lui avaient rendu la vie si douce pendant dix-huit mois. Or, comme la nature des esprits étroits les porte à deviner les petites choses, il se livra soudain à de très grandes réflexions sur ces quatre évènemens, imperceptibles pour tout autre, mais qui, pour lui, constituaient quatre catastrophes; car il s'agissait évidemment de la perte entière de son bonheur, dans l'oubli des pantoufles, dans le mensonge de Marianne à l'endroit du feu, dans le transport insolite de son bougeoir sur la table de l'antichambre, et dans la station forcée qu'on lui avait ménagée, par la pluie, sur le seuil de la porte.

Aussi, quand la flamme eut brillé dans le foyer, quand sa lampe de nuit fut allumée, et que Marianne l'eut quitté sans lui demander, comme elle le faisait jadis:

— Monsieur a-t-il encore besoin de quelque chose?

L'abbé Birotteau se laissa doucement aller dans la belle et ample bergère de son défunt ami; mais le mouvement par lequel il y tomba eut quelque chose de triste. Le bon homme semblait accablé sous le pressentiment d'un affreux malheur, et il tourna successivement ses yeux sur le beau cartel, sur la commode, sur les siéges, les rideaux, les tapis, le lit en tombeau, le bénitier, le crucifix, sur une Vierge du

Valentin, sur un Christ de Lebrun, enfin sur tous les accessoires de cette chambre; et l'expression de sa physionomie trahissait les douleurs du plus tendre adieu qu'un amant ait jamais fait à sa maîtresse, ou un vieillard aux arbres qu'il a plantés.

En effet, il venait de reconnaître, un peu tard à la vérité, les signes d'une persécution sourde exercée sur lui depuis environ trois mois par mademoiselle Gamard, dont les mauvaises intentions eussent sans doute été beaucoup plus tôt devinées par un homme d'esprit; car les vieilles filles ont toutes un certain talent pour accentuer les actions et les mots que la haine leur suggère. Elles égratignent à la manière des chats ; et non seulement elles blessent, mais elles éprouvent du plaisir à blesser, et à faire voir à leur victime qu'elles l'ont blessée.

Aussitôt, avec cette sagacité questionneuse que contractent les prêtres habitués à diriger la conscience des vieilles femmes et à creuser des riens au fond du confessionnal, l'abbé Birotteau se mit à établir, comme s'il s'agissait d'une controverse religieuse, la proposition suivante :

— En admettant que mademoiselle Gamard n'ait plus songé à la soirée de madame de Listomère; que Marianne ait oublié de faire mon feu; que l'on m'ait cru rentré; comme j'ai descendu ce matin, et *moi-même !...* MON BOUGEOIR !!!... il est impossible que mademoiselle Gamard, en le voyant dans son salon, ait pu me supposer couché... *Ergo !...* mademoiselle Gamard a voulu me laisser à la porte par la pluie; et, en faisant remonter mon bougeoir chez moi, elle a eu l'intention de me faire comprendre...

— Quoi ?... dit-il tout haut, emporté par la gravité des circonstances, en se levant pour quitter ses habits mouillés, prendre sa robe de chambre et se coiffer de nuit.

Puis, il alla de son lit à la cheminée, en gesticulant et lançant sur des tons différens les phrases suivantes, qui toutes furent terminées d'une voix de fausset comme pour remplacer des points d'interjection.

— Que diable lui ai-je fait?... Pourquoi

m'en veut-elle?... Marianne n'a pas dû oublier mon feu!... C'est elle qui lui aura dit de ne pas l'allumer!... Il faudrait être un enfant pour ne pas s'apercevoir, au ton et aux manières qu'elle prend avec moi, que j'ai eu le malheur de lui déplaire... Jamais il n'est arrivé rien de pareil à Chapeloud... Il me sera impossible de vivre au milieu des tourmens que... A mon âge!...

Il se coucha dans l'espoir d'éclaircir le lendemain matin la cause de la haine qui devait détruire à jamais ce bonheur dont il avait joui pendant une douzaine de mois après l'avoir si long-temps désiré. Mais les secrets motifs du sentiment que mademoiselle Gamard lui portait devaient lui être éternellement inconnus, non qu'ils fussent difficiles à deviner, mais parce que le pauvre homme manquait de cette bonne foi avec laquelle les grandes âmes et les fripons savent réagir sur eux-mêmes et se juger. Il n'y a qu'un homme de génie ou un intrigant qui se disent : —J'ai eu tort!... parce que l'intérêt et le talent sont les seuls conseillers consciencieux et lucides. Or, l'abbé Birotteau, dont la bonté allait jusqu'à la bêtise, dont l'instruction n'était en quelque sorte que plaquée à force de travail, qui n'avait aucune expérience du monde ni de ses mœurs, et qui vivait entre la messe et le confessionnal, grandement occupé de décider les cas de conscience les plus légers, puisqu'il était le confesseur de deux pensionnats de jeunes filles, l'abbé Birotteau pouvait être considéré comme un grand enfant, auquel la majeure partie des idées sociales était complètement étrangère. Seulement, l'égoïsme naturel à toutes les créatures humaines, renforcé par l'égoïsme particulier au prêtre, et par celui de la vie étroite que l'on mène en province, s'était insensiblement développé chez lui, sans qu'il s'en doutât.

Si quelqu'un eût pu trouver assez d'intérêt à fouiller l'âme du vicaire, pour lui démontrer que, dans les infiniment petits détails de son existence, et dans les devoirs extrêmement minimes de sa vie privée, il manquait essentiellement de ce dévouement dont il croyait faire profession, il se serait puni lui-même, et se serait mortifié de bonne foi ; mais ceux que nous offensons, même à notre insu, nous tiennent peu compte de notre innocence, savent se venger; et Birotteau, tout faible qu'il était, dut être soumis aux effets de cette grande justice distributive, qui va toujours chargeant le monde d'exécuter ses arrêts, nommés, par les niais, *les malheurs de la vie*.

Il y eut cette différence entre feu l'abbé Chapeloud et le vicaire, que l'un était un égoïste adroit et spirituel, et l'autre un franc et maladroit égoïste.

En effet, lorsque l'abbé Chapeloud vint se mettre en pension chez mademoiselle Gamard, il jugea parfaitement le caractère de son hôtesse. Le confessionnal lui ayant appris à connaître tout ce que le malheur de se trouver en dehors de la société, met d'amertume au cœur d'une vieille fille, il avait calculé sagement sa conduite chez mademoiselle Gamard. Elle avait à cette époque trente-huit ans, et gardait encore quelques prétentions, qui, chez ces discrètes personnes, se changent plus tard en réserve et en haute estime d'elles-mêmes. Or, le chanoine comprit que, pour bien vivre avec son hôtesse, il ne fallait lui accorder, d'attentions et de soins, que ce qu'il pouvait lui en conserver toujours. Alors il ne laissa s'établir entre elle et lui que les points de contact strictement ordonnés par la politesse, et ceux qui doivent exister entre des personnes vivant sous le même toit. Ainsi, quoique l'abbé Troubert et lui, fissent régulièrement trois repas par jour, il s'était abstenu de paraître au déjeûner, en habituant mademoiselle Gamard à le lui envoyer dans son lit; puis, il avait évité les ennuis du souper en prenant tous les soirs du thé dans les maisons où il allait passer ses soirées; et, alors, il voyait rarement son hôtesse, à un moment de la journée autre que celui du dîner; mais il venait toujours quelques instans avant l'heure sacramentelle.

Or, durant cette espèce de visite polie, il lui avait fait, pendant les douze années qu'il passa sous son toit, les mêmes questions, en obtenant d'elle les mêmes réponses. Leur conversation roulait sur la manière dont mademoiselle Gamard avait dormi durant la nuit, dont elle avait déjeûné; puis, sur l'air de son visage, sur l'hygiène nécessaire à sa personne, sur le temps qu'il faisait, ou la durée des offices, les incidens de la messe, enfin sur la santé de tel ou tel prêtre. Puis, pendant le dîner, il procédait toujours par des flatteries indirectes, allant sans cesse de la qualité d'un poisson, du bon goût des assaisonnemens ou des qualités d'une sauce, aux qualités de mademoiselle Gamard, et à ses vertus de maîtresse de maison, sûr de caresser toutes les vanités de la vieille fille en vantant l'art avec lequel étaient faites les confitures, les cornichons, les conserves, les pâtés, et autres inventions gastronomiques.

Enfin, jamais le rusé chanoine n'était sorti du salon jaune de son hôtesse, sans dire que dans aucune maison de Tours on ne prenait du café aussi bon que celui qu'il venait d'y déguster.

Grâce à cette parfaite entente du caractère de mademoiselle Gamard, et à cette science d'existence professée pendant douze années par le chanoine, il n'y eut jamais matière à discuter le moindre point de discipline intérieure; et l'abbé Chapeloud, ayant tout d'abord reconnu les angles, les aspérités, le rêche de cette vieille fille, avait réglé l'action des tangentes nécessaires entre leurs personnes, de manière à obtenir d'elle toutes les concessions dont il avait besoin pour le bonheur et la tranquillité de sa vie. Aussi, mademoiselle Gamard disait-elle que l'abbé Chapeloud était un homme très aimable, extrêmement facile à vivre.

Quant à l'abbé Troubert, la dévote n'en disait absolument rien, parce qu'il était complètement entré dans le mouvement de sa vie comme un satellite dans l'orbite de sa planète ; et il était devenu pour elle une sorte de créature intermédiaire entre les individus de l'espèce humaine et ceux de l'espèce canine ; car il se trouvait classé dans son cœur immédiatement avant la place destinée aux amis et celle occupée par un gros carlin poussif qu'elle aimait tendrement. Elle le gouvernait entièrement, et la promiscuité de leurs intérêts était si grande, que bien des personnes, parmi celles dont mademoiselle Gamard faisait sa société, pensaient que l'abbé Troubert, ayant des vues sur la fortune de la vieille fille, se l'était insensiblement attachée par cette continuelle patience ; et, néanmoins, la dirigeait d'autant mieux qu'il paraissait lui obéir, sans laisser apercevoir en lui le moindre désir de la gouverner.

Lorsque l'abbé Chapeloud mourut, la vieille fille, voulant un pensionnaire de mœurs douces, avait pensé naturellement au vicaire. Le testament du chanoine n'étant pas connu, elle avait médité d'en donner le logement à son bon abbé Troubert, qu'elle trouvait fort mal au rez-de-chaussée. Mais quand M. Birotteau vint stipuler avec elle les conventions chirographaires de sa pension, elle le vit si fort épris de cet appartement pour lequel il avait nourri si long-temps des désirs dont il pouvait dès lors avouer la violence, qu'elle n'osa seulement pas lui parler de l'abbé Troubert, et fit céder l'affection aux exigences de son intérêt. Pour consoler son bien-aimé chanoine, elle remplaça les larges briques blanches de Château-Renaud, dont son appartement était carrelé, par un parquet en point de Hongrie, et reconstruisit sa cheminée qui fumait.

L'abbé Birotteau avait vu pendant douze ans son ami Chapeloud, sans avoir jamais eu la pensée de chercher d'où procédait son extrême circonspection dans ses rapports avec mademoiselle Gamard. Or, en venant demeurer chez elle, il était à peu près dans la situation d'un amant sur le point d'être heureux : il avait les yeux éblouis de son bonheur ; et alors, quand il n'eût pas été déjà naturellement aveugle d'intelligence, il lui eût été impossible de juger mademoiselle Gamard, et de réfléchir sur la mesure qu'il devait mettre dans ses rapports journaliers avec elle.

Mademoiselle Gamard, vue de loin, et à travers le prisme des félicités matérielles qu'il avait rêvé de goûter près d'elle, lui semblait une créature parfaite, une chrétienne accomplie, une personne essentiellement charitable, le type de la femme de l'évangile, la femme sage, décorée de ces vertus humbles et modestes qui répandent sur la vie un parfum céleste. Aussi, avec tout l'enthousiasme d'un homme qui parvient à un but long-temps souhaité, avec la candeur d'un enfant, et la niaise étourderie d'un vieillard sans expérience des choses du monde, il entra dans la vie de mademoiselle Gamard, comme une mouche se prend dans la toile d'une araignée. Ainsi, le premier jour où il vint dîner et coucher chez la vieille fille, il fut retenu dans son salon par le désir de faire connaissance avec elle, aussi bien que par cet inexplicable embarras qui gêne souvent les gens timides, ou leur fait craindre d'être impolis en interrompant une conversation pour sortir, et il y resta pendant toute la soirée.

Une autre vieille fille, amie de Birotteau, nommée mademoiselle Salomon de Villenoix, étant venue le voir, mademoiselle Gamard eut la joie d'organiser chez elle une partie de boston, et le vicaire trouva, en se couchant, qu'il avait passé une soirée très agréable.

Ne connaissant encore que fort légèrement mademoiselle Gamard et l'abbé Troubert, il n'aperçut que la superficie de leurs caractères, car peu de personnes montrent tout d'abord leurs défauts à nu; et généralement, chacun tâche de se donner une écorce attrayante. L'abbé Birotteau conçut donc le charmant projet de consacrer ses soirées à mademoiselle Gamard, au lieu d'aller les passer au dehors.

Or, l'hôtesse avait, depuis quelques années,

enfanté un désir qui se reproduisait plus fort tous les jours. Ce désir, que forment les vieillards et même les jolies femmes, était devenu chez elle une passion semblable à celle de Birotteau pour l'appartement de son ami Chapeloud, et il tenait au cœur de la vieille fille par tous les sentimens d'orgueil et d'égoïsme, d'envie et de vanité qui préexistent chez tous les gens du monde, car il suffit d'étendre un peu le cercle étroit au fond duquel vont agir ces personnages, pour trouver la raison coefficiente des évènemens qui arrivent dans les sphères les plus élevées de la société.

Mademoiselle Gamard passait alternativement ses soirées dans six ou huit maisons différentes; et, soit que, regrettant d'être obligée d'aller chercher le monde, elle se crût en droit, à son âge, d'en exiger quelque retour; soit que son amour-propre eût été froissé de ne point avoir de société à elle; soit enfin que sa vanité désirât les complimens et les avantages dont elle voyait jouir ses amies; toute son ambition était de rendre son salon le point d'une réunion vers laquelle chaque soir un certain nombre de personnes se dirigeassent avec plaisir!... *Avec plaisir!...*

Or, quand Birotteau et son amie mademoiselle Salomon eurent passé quelques soirées chez elle, en compagnie du fidèle et patient abbé Troubert; un soir, en sortant de Saint-Gatien, elle dit aux bonnes amies, dont elle se considérait comme l'esclave jusqu'alors, que les personnes qui désiraient la voir, pouvaient bien venir une fois par semaine chez elle; et qu'étant déjà réunis en nombre suffisant pour faire une partie de boston, elle ne pouvait pas laisser seul M. l'abbé Birotteau, son nouveau pensionnaire; et que mademoiselle Salomon n'avait pas encore manqué une seule soirée de la semaine à venir, et qu'elle se devait à ses amis, et que... et que... etc., etc...

Ses paroles furent d'autant plus humblement altières et abondamment doucereuses, que mademoiselle Salomon de Villenoix appartenant à la société la plus aristocratique de Tours, elle triomphait de l'avoir chez elle, quoique mademoiselle Salomon y vînt uniquement par amitié pour le vicaire.

Mademoiselle Gamard se vit donc, grâce à l'abbé Birotteau, sur le point de faire réussir son grand dessein de former une société qui pût devenir aussi nombreuse, aussi agréable que l'étaient celles de madame de Listomère, de mademoiselle Merlin de la Blottière, ou autres dévotes en possession de recevoir la société pieuse de Tours.

Mais l'abbé Birotteau fit avorter l'espoir de mademoiselle Gamard.

Or, si tous ceux qui dans leur vie sont parvenus à jouir d'un bonheur souhaité longtemps, ont compris la joie que put avoir le vicaire en se couchant dans le lit de Chapeloud, ils devront aussi prendre une légère idée du chagrin que mademoiselle Gamard ressentit au renversement de son plan favori.

Après avoir pendant six mois accepté son bonheur assez patiemment, Birotteau déserta, entraînant avec lui mademoiselle Salomon. Or, comme malgré des efforts inouïs, l'ambitieuse Gamard avait à peine recruté cinq à six personnes, et qu'il en fallait au moins quatre pour constituer un boston, elle fut forcée de faire amende honorable et de retourner chez ses anciennes amies, car les vieilles filles se trouvent en trop mauvaise compagnie avec elles-mêmes pour ne pas rechercher les agrémens équivoques de la société.

La cause de la désertion est facile à concevoir. Quoique le vicaire fût un de ceux auxquels le paradis doit un jour appartenir en vertu de l'arrêt : *Bienheureux les pauvres d'esprit !* il ne pouvait pas, comme beaucoup de sots, supporter l'ennui que causent d'autres sots. Les gens sans esprit ressemblent aux mauvaises herbes qui se plaisent dans les bons terrains, et ils aiment d'autant plus à être amusés, qu'ils s'ennuient eux-mêmes. L'incarnation de l'ennui dont ils offrent le mystère, outre le besoin qu'ils éprouvent à perpétuellement divorcer avec eux-mêmes, produit cette passion pour le mouvement, ce fanatisme de locomotion, ce besoin d'être toujours là où ils ne sont pas, qui les distingue, ainsi que tous les êtres dépourvus de sensibilité et ceux dont la destinée est manquée, ou qui souffrent par leur faute.

Le pauvre abbé Birotteau, sans même avoir sondé le vide, la nullité, la petitesse des idées de mademoiselle Gamard, s'aperçut un peu tard, pour son malheur, de ses redites éternelles, des défauts qui lui étaient communs avec toutes les vieilles filles et de ceux qu'elle avait en propre. Le mal tranche chez autrui si vigoureusement sur le bien, qu'il nous frappe souvent la vue avant de nous blesser, et ce phénomène moral justifierait au besoin la pente qui nous porte plus ou moins vers la médisance : il est si naturel de nous plaindre quand nous sommes offensés, que nous devrions toujours pardonner le bavardage railleur dont nos ridicules sont l'objet, et ne nous étonner que de la calomnie. Mais le bon vicaire n'ayant pas eu lui des qualités qui pussent contraster avec les défauts de son hôtesse, fut obligé, pour les reconnaître et pour en être choqué, de subir la douleur, ce cruel avertissement donné par la nature à toutes ses créations.

Or, presque toutes les vieilles filles n'ayant pas fait plier leur caractère et leur vie devant une autre vie et d'autres caractères, comme l'exige la destinée de la femme, ont la manie de vouloir tout faire plier autour d'elles ; et, chez mademoiselle Gamard, ce sentiment dégénérait en despotisme; mais ce despotisme ne pouvait se prendre qu'à de petites choses. Ainsi, entre mille exemples, le panier de fiches et de jetons qu'elle posait sur la table de boston pour l'abbé Birotteau devait rester à la place où elle l'avait mis, et l'abbé la contrariait vivement en le dérangeant, ce qui arrivait souvent.

D'où procédait cette susceptibilité stupidement portée en toute chose, et quel en était le but? c'est ce que personne n'eût pu dire, parce que mademoiselle Gamard ne le savait pas elle-même. Or, le nouveau pensionnaire, quoique très mouton de sa nature, n'aimait cependant pas plus que les brebis à sentir trop souvent la houlette, surtout lorsqu'elle se trouve armée de pointes; aussi, ne s'expliquant pas la haute patience de l'abbé Troubert, il voulut se soustraire au bonheur que mademoiselle Gamard voulait lui assaisonner à sa manière, croyant qu'elle y réussirait aussi bien qu'à faire des confitures; mais le malheureux s'y prit assez maladroitement, par suite de la naïveté de son caractère. Cette séparation n'eut donc pas lieu sans bien des tiraillemens et de petites picoteries auxquelles l'abbé Birotteau s'efforça de ne pas être sensible.

A l'expiration de la première année passée sous le toit de mademoiselle Gamard, le vicaire avait repris ses anciennes habitudes en retournant deux jours par semaine chez madame de Listomère, deux autres jours chez mademoiselle Salomon, et passant les trois autres chez mademoiselle Merlin de la Bloltière. Ces personnes appartenaient à la partie aristocratique de la société tourangelle, où mademoiselle Gamard n'était point admise; aussi, fut-elle encore plus outragée par l'abandon de l'abbé Birotteau, qui lui fit sentir son peu de valeur; car toute espèce de choix implique un mépris pour ce que l'on refuse.

— Monsieur Birotteau ne nous a pas trouvés assez aimables... dit l'abbé Troubert aux amis de mademoiselle Gamard, lorsqu'elle fut obligée de renoncer à ses soirées. C'est un homme d'esprit, un gourmet; il lui faut du beau monde, et du luxe, des conversations à saillies, les médisances de la ville...

Ces paroles amenaient toujours mademoiselle Gamard à se justifier aux dépens de Birotteau.

— Il n'a pas déjà tant d'esprit, disait-elle, et, sans l'abbé Chapeloud, il n'aurait jamais été reçu chez madame de Listomère. Oh! j'ai bien perdu en perdant l'abbé Chapeloud. Quel homme aimable, et facile à vivre!... Enfin, pendant douze ans, je n'ai pas eu la moindre difficulté ni le moindre désagrément avec lui!...

Mademoiselle Gamard fit de l'abbé Birotteau un portrait si peu flatteur, qu'il passa dans cette société bourgeoise secrètement ennemie de la société aristocratique, pour un homme difficultueux et très difficile à vivre. Puis la vieille fille eut, pendant quelques semaines, le plaisir de s'entendre plaindre par ses amies, qui, sans en penser un mot, lui disaient :

— Comment, vous, si douce et si bonne, etc.

— Consolez-vous, ma chère mademoiselle Gamard, vous êtes si bien connue, etc.

Mais toutes, enchantées d'éviter une soirée

par semaine dans le cloître, l'endroit le plus désert, le plus sombre et le plus éloigné du centre qu'il y ait à Tours, elles bénissaient le vicaire.

Entre personnes sans cesse en présence, la haine et l'amour vont toujours croissant, car on trouve à tout moment des raisons de s'aimer mieux, ou de se haïr davantage; aussi, l'abbé Birotteau devint-il insupportable à mademoiselle Gamard. Dix-huit mois après l'avoir pris en pension, au moment où le bon homme, croyant voir la paix du contentement dans le silence de la haine, s'applaudissait d'avoir su *bien corder*, pour se servir de son expression, avec la vieille fille, il était pour elle l'objet d'une persécution sourde et d'une vengeance froidement calculée. Or, comme le pauvre prêtre avait un grand fonds d'indulgence, les piqûres d'épingle par lesquelles mademoiselle Gamard commença l'attaque ne l'atteignirent pas tout d'abord, et il lui fallut les quatre circonstances capitales de la porte fermée, des pantoufles oubliées, du manque de feu, du bougeoir porté chez lui, pour lui révéler cette inimitié terrible dont il n'apercevait même pas encore toutes les conséquences.

Tout en s'endormant, le bon vicaire se creusait donc, mais inutilement, la cervelle, et certes il en trouvait bien vite le fond, pour s'expliquer la conduite singulièrement impolie de mademoiselle Gamard. En effet, ayant agi jadis très logiquement en obéissant aux lois naturelles de son égoïsme, il lui était impossible de deviner ses torts envers son hôtesse ; car l'intus-susception des âmes et le pouvoir du « *connais-toi toi-même !...* » composent une science inconnue aux gens médiocres.

Les choses grandes sont simples à comprendre et faciles à exprimer, mais les petitesses de la vie veulent beaucoup de détails; aussi, les évènemens qui constituent en quelque sorte l'avant-scène de ce drame de bas étage, mais où les sentimens dont la vie humaine est agitée, se retrouvent tout aussi violens que s'ils étaient excités par de grands intérêts, ont exigé cette espèce d'introduction, dont il était difficile à un historien exact de resserrer les développemens nécessaires.

Le lendemain matin, en s'éveillant, Birotteau pensait si fortement à son canonicat, que, ne songeant plus aux quatre circonstances dont il avait été désespéré la veille, en croyant y apercevoir les pronostics d'un avenir plein de malheurs, il sonna pour avertir Marianne de son réveil et la faire venir chez lui; car il n'était pas homme à se lever sans feu. Puis, il resta, selon son habitude, plongé dans les rêvasseries somnolescentes pendant lesquelles Marianne avait coutume de lui allumer du feu. Une demi-heure s'étant passée sans que Marianne eût paru, le vicaire, à moitié chanoine, allait sonner de nouveau, quand il laissa le cordon de sa sonnette en entendant le bruit d'un pas dans l'escalier. En effet, l'abbé Troubert, ayant frappé discrètement à la porte, entra sur l'invitation de Birotteau.

Cette visite, que les deux abbés se faisaient assez régulièrement une fois par mois l'un à l'autre, ne surprit point le vicaire. Le chanoine s'étonna, dès l'abord, que Marianne n'eût pas encore fait le feu de son quasi-collègue; il ouvrit une fenêtre, appela Marianne d'une voix rude, lui dit de venir chez M. Birotteau; puis, se retournant vers lui :

— Si mademoiselle savait que vous n'avez pas de feu!... elle la gronderait bien...

Après cette phrase, il s'enquit de la santé de son confrère, et lui demanda d'une voix douce s'il avait quelques nouvelles récentes qui lui fissent espérer d'être nommé chanoine. Le vicaire le mit au fait de ses démarches, et lui dit naïvement quelles étaient les personnes auprès desquelles madame de Listomère agissait, ne sachant pas que Troubert n'avait jamais su pardonner à cette dame de ne pas l'avoir admis chez elle, lui, l'abbé Troubert, déjà deux fois désigné comme vicaire-général du diocèse.

Il était impossible de rencontrer deux figures qui offrissent autant de contrastes qu'en présentaient celles de ces deux abbés. Troubert, grand et sec, avait un teint jaune et bilieux; tandis que le vicaire était ce qu'on appelle familièrement grassouillet; sa figure, toute ronde et rougeaude, peignait sa bonhomie; mais celle de Troubert, longue et creusée par des rides profondes, offrait, dans certains momens, une expression pleine d'ironie ou de dédain; il fallait cependant l'examiner avec attention pour découvrir en lui ces deux sentimens, car il restait dans un calme parfait, abaissant toujours ses paupières sur deux yeux orangés dont le regard devenait clair et perçant quand il le voulait. Du reste, les cheveux roux du chanoine s'harmoniaient avec sa physionomie. Demeurant presque toujours perdu dans ses méditations, plusieurs personnes avaient pu d'abord le croire absorbé par une haute et profonde ambition; mais celles qui prétendaient le mieux connaître avaient fini par détruire cette opinion en le montrant abattu sous le despotisme de mademoiselle Gamard, ou presque hébété par elle et par de trop longs jeûnes. Il parlait rarement, ne riait jamais; seulement, quand il lui arrivait d'être ému, il lui échappait un sourire faible qui se perdait dans les plis de son visage. Birotteau était, au contraire, tout expansion, toute franchise, aimant les bons morceaux, et s'amusant de tout avec simplicité.

L'abbé Troubert causait, à la première vue, un sentiment de terreur involontaire, tandis que le vicaire arrachait un sourire doux à ceux qui le voyaient. Quand, à travers les arcades et les nefs de Saint-Gatien, le haut chanoine marchait d'un pas solennel, le front incliné, l'œil sévère, il excitait le respect; sa figure cambrée semblait en harmonie avec les voussures jaunes de la cathédrale; les plis de sa soutane avaient quelque chose de monumental digne de la statuaire; tandis que le bon vicaire y circulait sans gravité, trottait, piétinait, en paraissant rouler sur lui-même. Ils avaient néanmoins une ressemblance; car, de même que l'air ambitieux de Troubert, en donnant lieu de le redouter, avait contribué peut-être à le faire condamner au rôle insignifiant de simple chanoine, le caractère et la tournure de Birotteau semblaient le vouer éternellement au vicariat de la cathédrale.

Cependant l'abbé Troubert, arrivé à l'âge de cinquante ans, avait tout-à-fait dissipé par la mesure de sa conduite, par l'apparence d'un manque total d'esprit et par sa vie toute sainte, les craintes que sa capacité soupçonnée et son extérieur avaient inspirées à ses supérieurs. Sa santé s'étant même gravement altérée depuis un an, sa prochaine élévation au vicariat-général de l'archevêché paraissait probable. Ses compétiteurs le désignaient même volontiers, et souhaitaient sa nomination, afin de pouvoir mieux préparer la leur pendant le peu de jours qui lui seraient accordés par sa maladie. Loin d'offrir les mêmes espérances, le triple menton de Birotteau présentait aux concurrens qui lui disputaient son canonicat, les symptômes d'une santé florissante, et sa goutte leur paraissait être, suivant le proverbe, une assurance de longévité.

L'abbé Chapeloud, homme d'un grand sens, et que son amabilité avait toujours fait rechercher par les gens de bonne compagnie et par les différens chefs de l'église métropolitaine, s'était toujours opposé, mais secrètement et avec beaucoup d'esprit, à l'élévation de l'abbé Troubert. Il lui avait même très adroitement interdit l'accès de tous les salons où se réunissait la meilleure société de Tours, quoique pendant sa vie Troubert l'eût traité sans cesse avec un grand respect, en lui témoignant dans chaque occasion la plus haute déférence; mais cette constante soumission n'avait pu changer l'opinion du défunt chanoine, qui, pendant sa dernière promenade, disait encore à Birotteau :

— Défiez-vous de ce grand sec de Troubert!... C'est Sixte-Quint réduit aux proportions de l'évêché!...

Tel était l'ami, le commensal de mademoiselle Gamard, qui venait, le lendemain même du jour où elle avait pour ainsi dire déclaré la guerre au pauvre Birotteau, le visiter et lui donner des marques d'amitié.

— Il faut excuser Marianne!... dit le chanoine en la voyant entrer. Je pense qu'elle a commencé par venir chez moi. Mon appartement est très humide, et j'ai beaucoup toussé pendant toute la nuit... Vous êtes très sainement ici!... ajouta-t-il en regardant les corniches.

— Oh! je suis ici en chanoine... répondit Birotteau en souriant.

— Et moi en vicaire.. répliqua l'humble prêtre.

— Oui, mais vous logerez bientôt à l'archevêché!... dit le vicaire, voulant que tout le monde fût heureux...

— Oh!... ou dans le cimetière... Mais que la volonté de Dieu soit faite !

Et il leva les yeux au ciel par un mouvement de résignation.

— Je venais, ajouta-t-il, vous prier de me prêter le *pouiller* des évêques, il n'y a que vous à Tours qui ayez cet ouvrage...

— Prenez-le dans la bibliothèque!... répondit Birotteau que la dernière phrase du chanoine fit ressouvenir de toutes les jouissances dont il était entouré.

Le grand chanoine passa dans la bibliothèque, et y resta pendant le temps que le vicaire mit à s'habiller ; mais la cloche du déjeûner se fit bientôt entendre, et celui-ci, pensant que sans la visite de Troubert, il n'aurait pas eu de feu pour se lever :

— C'est un bon homme!... se dit-il.

Les deux prêtres descendirent ensemble, armés chacun d'un énorme *in-folio* qu'ils posèrent sur une des consoles de la salle à manger.

— Qu'est-ce que c'est que ça ?... demanda d'une voix aigre mademoiselle Gamard en s'adressant à Birotteau; j'espère que vous ne m'encombrerez pas ma salle à manger de vos bouquins.

— Ce sont des livres dont j'ai besoin... répondit l'abbé Troubert, et monsieur le vicaire a la complaisance de me les prêter.

— J'aurais dû deviner cela, dit-elle, car monsieur Birotteau ne lit pas souvent dans ces gros livres-là !...

— Comment vous portez-vous, mademoiselle ?... reprit le pensionnaire d'une voix flûtée.

— Mais pas très bien ; vous êtes cause que j'ai été reveillée hier pendant mon premier sommeil, et toute ma nuit s'en est ressentie...

Ayant dit, mademoiselle Gamard s'assit et ajouta :

— Messieurs, le lait va se refroidir...

Stupéfait d'être si aigrement accueilli par son hôtesse, quand il en attendait des excuses, mais effrayé, comme le sont les gens timides, par la perspective d'une discussion, surtout quand ils en sont l'objet, le pauvre vicaire s'assit en silence. Puis, reconnaissant dans le visage de mademoiselle Gamard les symptômes d'une mauvaise humeur apparente, il resta constamment en guerre avec sa raison, qui lui ordonnait de ne pas souffrir le manque d'égards dont son hôtesse était coupable envers lui, tandis que son caractère portait le à éviter toute querelle.

En proie à cette angoisse intérieure, Birotteau commença par examiner sérieusement les grandes hachures vertes peintes sur le gros taffetas ciré que, par un usage immémorial, mademoiselle Gamard laissait pendant le déjeûner sur la table, sans avoir égard aux bords usés et aux nombreuses cicatrices de cette couverture.

Les deux pensionnaires se trouvaient établis, chacun dans un fauteuil de canne, en face l'un de l'autre, à chaque bout de cette table royalement carrée, dont l'hôtesse occupait le centre, assise sur une chaise garnie de coussins et adossée au poêle de la salle à manger. Cette pièce et le salon commun étaient situés au rez-de-chaussée, sous la chambre et le salon de l'abbé Birotteau.

Lorsque celui-ci eut reçu de mademoiselle Gamard sa tasse de café toute sucrée, il fut glacé du profond silence dans lequel il allait accomplir l'acte si habituellement gai de son déjeûner; et, n'osant regarder ni la figure aride de Troubert, ni le visage menaçant de la vieille fille, il se tourna par contenance vers un gros carlin chargé d'embonpoint, qui, couché sur un coussin près du poêle, n'en bougeait jamais, trouvant toujours à sa gauche un petit plat rempli de friandises, et à sa droite un bol rempli d'eau claire.

— Eh bien! mon mignon, lui dit-il, tu attends ton café?...

Ce personnage, l'un des plus importans au logis, mais peu gênant en ce qu'il n'aboyait plus et laissait la parole à sa maîtresse, leva sur Birotteau ses petits yeux perdus sous les plis formés dans son masque par la graisse, puis les referma dédaigneusement.

Or, pour comprendre toute la souffrance du pauvre vicaire, il est nécessaire de dire que, doué d'une loquacité particulière, un peu vide, il prétendait, sans avoir jamais pu donner aux médecins une seule raison de son opinion, que les paroles favorisaient la digestion. Son hôtesse, partageant cette doctrine hygiénique, n'avait pas encore manqué, malgré sa mésintelligence, à causer avec lui pendant les repas; mais le vicaire, depuis plusieurs matinées, avait usé toute son intelligence à lui faire des questions insidieuses qui lui déliassent la langue.

Si les bornes étroites dans lesquelles se renferme cette histoire avaient permis de rapporter une seule de ces conversations qui excitaient presque toujours le sourire amer et sardonique de l'abbé Troubert, elle eût offert une peinture achevée de la vie toute béotienne des provinciaux, et les gens d'esprit n'apprendraient peut-être pas sans plaisir les étranges développemens que l'abbé Birotteau et mademoiselle Gamard donnaient à leurs opinions personnelles, politiques, religieuses et littéraires.

Il y aurait certes quelque chose de comique à exposer : soit les raisons qu'ils avaient tous deux pour douter sérieusement en 1824 de la mort de Napoléon ; soit les conjectures qui les faisaient croire à l'existence de Louis XVII, sauvé dans le creux d'une grosse bûche. Qui ne rirait pas de voir établir par eux que le roi de France avait tous les impôts à lui ; que les chambres étaient assemblées contre le clergé ; qu'il était mort plus de trois cent mille personnes sur l'échafaud pendant la révolution ? Puis ils parlaient de la presse sans connaître le nombre des journaux, et sans avoir la moindre idée de ce qu'était cet instrument moderne.

Enfin, M. Birotteau écoutait avec attention mademoiselle Gamard, quand elle disait qu'un homme nourri d'un œuf chaque matin, devait infailliblement mourir à la fin de l'année, et que cela s'était vu ; qu'un petit pain mollet, mangé sans boire pendant quelques jours, guérissait de la sciatique ; que tous les ouvriers qui avaient travaillé à la démolition de l'abbaye Saint-Martin étaient morts en six mois ; que certain préfet avait fait tout son possible, sous Bonaparte, pour ruiner les tours de Saint-Gatien, etc., et mille autres contes absurdes.

Birotteau sentant sa langue morte, s'était résigné à manger sans entamer la conversation; mais, trouvant bientôt ce silence dangereux pour son estomac et le jeu des mâchoires trop monotone, il se hasarda à dire :

— Voilà du café excellent!...

Cet acte de courage fut complètement inutile.

Alors, regardant le ciel par le petit espace qui se trouvait au-dessus du jardin, entre les deux arcs-boutans noirs de Saint-Gatien, il dit encore :

— Il fera plus beau aujourd'hui qu'hier...

Mais il ne reçut point de réponse. Mademoiselle Gamard se contenta de jeter la plus gracieuse de ses œillades à l'abbé Troubert, et reporta ses yeux empreints d'une sévérité terrible sur Birotteau, qui heureusement avait baissé les siens.

Aucune créature du genre féminin n'était plus capable que mademoiselle Sophie Gamard de formuler la nature élégiaque et désolée de la vieille fille ; mais, pour bien peindre un être dont le caractère prête un intérêt immense aux petits évènemens de ce drame, et à la vie antérieure des personnages qui en sont les acteurs, peut-être faut-il résumer ici les idées dont une vieille fille est l'expression, car la vie habituelle fait l'âme, et l'âme fait la physionomie.

Si tout, dans la société comme dans le monde, doit avoir une fin, il y a certes ici-bas quelques existences dont il est impossible de deviner ni le but ni l'utilité. La morale et l'économie politique repoussent également l'individu qui consomme sans produire, ou tient une place sur terre sans répandre autour de lui ni bien ni mal ; car le mal est sans doute un bien dont nous ne voyons pas immédiatement les effets. Il est rare que les vieilles filles ne se rangent pas d'elles-mêmes dans la classe de ces êtres improductifs. Or, si la conscience de son utilité donne à l'être agissant un sentiment de satisfaction qui l'aide à supporter la vie, il est indubitable que la certitude d'être à charge ou même inutile doit produire un effet contraire, et inspirer pour lui-même à l'être inerte le mépris qu'il excite chez les autres. Cette réprobation sociale, peut-être injuste, est une des causes qui, à l'insu des vieilles filles, contribue à mettre dans leurs âmes le chagrin constamment exprimé par leurs figures.

Un préjugé dans lequel il y a du vrai peut-être, jette partout, et en France encore plus qu'ailleurs, une grande défaveur sur la femme avec laquelle personne n'a voulu partager les biens ou supporter les maux de la vie; or, il arrive, pour les filles un âge où le monde, à tort ou à raison, les condamne sur le dédain dont elles sont victimes. Laides, la bonté de leur caractère devait racheter les imperfections de la nature; jolies, leur malheur a dû être fondé sur des causes plus graves; et l'on sait lesquelles, des unes ou des autres, sont le plus dignes de rebut. Si leur célibat a été raisonné, s'il est un vœu d'indépendance, ni les hommes, ni les mères ne leur pardonnent d'avoir menti au dévouement de la femme, en s'étant refusées aux passions qui rendent leur sexe si touchant ; car, renoncer à ses douleurs, c'est en abdiquer la poésie, et ne plus mériter les consolations douces auxquelles une mère a toujours d'incontestables droits : puis les sentimens généreux, les qualités exquises de la femme, ne se développant que par leur constant exercice, en restant fille, une créature du sexe féminin n'est plus qu'un non sens : égoïste et froide, elle fait horreur.

Cet arrêt implacable est malheureusement trop juste, pour que les vieilles filles en ignorent les motifs. Toutes ces idées germent dans leurs cœurs aussi naturellement que les effets de leur triste vie, se reproduisent dans leurs traits. Donc, elles se flétrissent, parce que l'expansion constante ou le bonheur qui épanouit la figure des femmes et jette tant de mollesse dans leurs mouvemens, n'a jamais existé chez elles. Puis elles deviennent âpres et chagrines, parce qu'un être qui a manqué sa vocation est malheureux; il souffre, et la souffrance engendre la méchanceté. En effet, avant de s'en prendre à elle-même de son isolement, une fille en accuse long-temps le monde; et, de l'accusation à un désir de vengeance, il n'y a qu'un pas. Enfin, la mauvaise grâce répandue sur leurs personnes est encore un résultat nécessaire de leur vie; car, n'ayant jamais senti le besoin de plaire, l'art du goût, l'élégance leur restent étrangers; et, ne voyant qu'elles en elles-mêmes, ce sentiment les porte insensiblement à choisir les choses qui leur sont commodes, au détriment de ce qui est agréable aux autres. Sans se rendre bien compte de leur dissemblance avec les autres femmes, elles finissent par l'apercevoir et par en souffrir; or, comme la jalousie est un sentiment indélébile dans les cœurs féminins, elles sont jalouses à vide, et connaissent uniquement les malheurs de la seule passion que les hommes leur pardonnent parce qu'elle les flatte.

Ainsi, torturées dans tous leurs vœux, obligées de se refuser aux développemens de leur nature, les vieilles filles éprouvent toujours une gêne intérieure, à laquelle elles ne s'habituent jamais. N'est-il pas dur à tout âge, surtout pour une femme, de lire sur les visages un sentiment de répulsion, quand il est dans la destinée de la femme de réveiller autour d'elle, dans les cœurs, des sensations gracieuses! Aussi leurs regards sont-ils toujours obliques, moins par modestie que par peur et honte: elles ne pardonnent pas au monde leur position fausse, parce qu'elles ne se la pardonnent pas à elles-mêmes. Or, il est impossible à une personne perpétuellement en guerre avec elle, en contradiction avec la vie, de laisser les autres en paix, et de ne pas envier leur bonheur.

Ce monde d'idées tristes était tout entier dans les yeux gris et ternes de mademoiselle Gamard; et le large cercle noir dont ils étaient bordés accusait les longs combats de sa vie solitaire. Toutes les rides de son visage étaient droites, et la charpente de son front, de sa tête et de ses joues avait les caractères de la rigidité, de la sécheresse. Elle laissait pousser, sans aucun souci, les poils jadis bruns de quelques signes qu'elle avait au menton; ses lèvres étaient minces; ses dents, qui ne manquaient pas de blancheur, semblaient trop longues. Brune, ses cheveux, jadis noirs, avaient été blanchis par d'affreuses migraines, accident qui la contraignait à porter un tour; mais ne sachant pas le mettre de manière à en dissimuler la naissance, il existait toujours de légers interstices entre le bord de son bonnet et le cordon noir qui soutenait cette demi-perruque, presque toujours mal bouclée. Sa robe, de taffetas en été, de mérinos en hiver, mais toujours couleur carmelite, serrait sa taille disgracieuse et ses bras maigres. Sans cesse rabattue, sa collerette laissait voir un cou dont la peau rougeâtre était aussi artistement rayée que peut l'être une feuille de chêne vue dans la lumière.

Son origine expliquait assez bien les malheurs de sa conformation; elle était fille d'un marchand de bois, espèce de paysan parvenu. A dix-huit ans, elle avait pu être fraîche et grasse, mais il ne lui restait aucune trace ni de la blancheur ni des couleurs qu'elle se vantait d'avoir eues; et les tons de sa chair avaient contracté une teinte blafarde assez commune chez les dévotes. Son nez aquilin était celui de tous les traits de sa figure qui contribuait le plus à exprimer le despotisme de ses idées, comme la forme de son front en trahissait l'étroitesse. Ses mouvemens avaient une soudaineté bizarre qui excluait toute grâce, et rien qu'à la voir tirant son mouchoir de son sac pour se moucher à grand bruit, vous eussiez deviné son caractère et sa vie. D'une taille assez élevée, elle se tenait très droite ; et, suivant l'observation d'un naturaliste qui a physiquement expliqué la démarche de toutes les vieilles filles en prétendant que leurs jointures se soudaient, elle marchait sans que le mouvement imprimé se distribuât dans sa personne, de manière à produire ces ondulations gracieuses qui sont si attrayantes chez les femmes ; elle était, pour ainsi dire, d'une seule pièce, et semblait surgir, à chaque pas, comme la statue du Commandeur.

Dans ses momens de bonne humeur, elle donnait à entendre, comme le font toutes les vieilles filles, qu'elle aurait bien pu se marier, mais qu'elle s'était heureusement aperçue à temps de la mauvaise foi de son amant, faisant ainsi, sans le savoir, le procès à son cœur en faveur de son esprit de calcul.

Cette figure typique du genre *vieille fille* était très bien encadrée par les grotesques inventions d'un papier verni représentant des paysages turcs, dont étaient ornés les murs de la salle à manger, où mademoiselle Gamard se tenait habituellement, et qui n'avait pour toute décoration que deux consoles et un baromètre ; mais, à la place adoptée par chaque abbé, il se trouvait un petit coussin en tapisserie dont les couleurs étaient passées.

Le salon commun où elle recevait était digne d'elle ; il sera bientôt connu, en faisant observer qu'il se nommait *le salon jaune*, et qu'il y avait sur la cheminée des flambeaux et une pendule en cristal. Quant au logement particulier de mademoiselle Gamard, il n'avait été permis à personne d'y pénétrer ; et l'on pouvait seulement conjecturer qu'il était rempli de ces chiffons, de ces meubles usés, de ces espèces de haillons, dont s'entourent toutes les vieilles filles, et auxquels elles tiennent tant.

Telle était la personne destinée à exercer la

plus grande influence sur la vie de l'abbé Birotteau, et qui, semblable à toutes les vieilles filles, faute d'exercer, selon les vœux de la nature, l'activité donnée à la femme, l'avait transportée, par nécessité de la dépenser peut-être, dans les intrigues mesquines, les caquetages de province et les combinaisons égoïstes, dont les vieilles filles finissent par s'occuper exclusivement. Birotteau, pour son malheur, avait développé chez elle les seuls sentimens qu'il fût possible à cette femme d'éprouver, ceux de la haine, qui, latens jusqu'alors, par suite du calme et de la monotonie d'une vie provinciale dont l'horizon s'était encore rétréci pour elle, devaient acquérir d'autant plus d'intensité, qu'ils allaient s'exercer sur de petites choses et au milieu d'une sphère étroite; mais Birotteau était de ces gens qui sont prédestinés à tout souffrir, parce que, ne sachant rien voir, ils ne peuvent rien éviter.

— Oui, il fera beau !... répondit après un moment le chanoine, qui parut sortir de sa rêverie et vouloir pratiquer les lois de la politesse.

Birotteau, effrayé du temps qui s'écoula

entre la demande et cette réponse, car il avait, pour la première fois de sa vie, pris son café sans parler, quitta la salle à manger où son cœur était serré comme dans un étui. Sentant sa tasse de café toute pesante sur son estomac, il alla se promener tristement dans les petites allées étroites bordées de buis qui décrivaient une étoile dans le jardin. Mais, en se retournant, après le premier tour qu'il y fit, il vit sur le seuil de la porte du salon, mademoiselle Gamard et l'abbé Troubert plantés silencieusement, lui, les bras croisés et immobile comme la statue d'un tombeau, elle, appuyée sur la porte-persienne ; il paraissait être l'objet de leur attention ; et tous deux semblaient, en le regardant, compter le nombre de ses pas. Rien n'est déjà plus gênant pour une créature naturellement timide, que d'être l'objet d'un examen curieux ; mais s'il est fait par les yeux de la haine, l'espèce de souffrance qu'il cause se change en un martyre intolérable. Bientôt l'abbé Birotteau s'imagina qu'il empêchait mademoiselle Gamard et le chanoine de se promener. Cette idée, inspirée tout à la fois par la crainte et par la bonté, prit un tel accroissement, qu'elle lui fit abandonner la place; il s'en alla, ne pensant déjà plus à son canonicat et absorbé par la désespérante tyrannie de la vieille fille.

Il trouva par hasard, et heureusement pour lui, beaucoup d'occupation à Saint-Gatien, où il se fit plusieurs enterremens, un mariage et deux baptêmes; alors, il put oublier ses chagrins; mais quand son estomac lui annonça l'heure du dîner, il ne tira pas sa montre sans effroi, en voyant quatre heures et quelques minutes. Connaissant la ponctualité de mademoiselle Gamard, il se hâta de se rendre au logis.

Il aperçut dans la cuisine le premier service desservi. Puis, quand il arriva dans la salle à manger, la vieille fille lui dit d'un son de voix où se peignaient également le reproche et la joie de le trouver en faute :

— Il est quatre heures et demie, monsieur Birotteau !... Vous savez que nous ne devons pas nous attendre !...

Le vicaire regarda le cartel de la salle à

manger, et la manière dont était posée l'enveloppe de gaze destinée à le garantir de la poussière lui prouva que son hôtesse l'avait remonté pendant la matinée, en se donnant le plaisir de le faire avancer sur l'horloge de Saint-Gatien.

Il n'y avait pas d'observation possible, car l'expression verbale d'un tel soupçon eût causé la plus terrible et la mieux justifiée des explosions éloquentes dont mademoiselle Gamard avait, comme toutes les femmes de sa classe, le secret et l'habitude.

Les mille et une contrariétés qu'une servante peut faire subir à son maître, ou une femme à son mari dans les habitudes privées de la vie, furent devinées par mademoiselle Gamard; elle en accabla son pensionnaire; et la manière dont elle se plaisait à ourdir ses conspirations contre le bonheur domestique du pauvre prêtre, portèrent l'empreinte du génie le plus profondément malicieux; car elle s'arrangeait pour ne paraître jamais avoir tort.

Huit jours après le moment où ce récit commence, l'habitation de cette maison, et les relations que l'abbé Birotteau avait avec mademoiselle Gamard lui devinrent réellement insupportables. Tant que la vieille fille avait sourdement exercé sa vengeance, et que le vicaire avait pu s'entretenir volontairement dans l'erreur, en refusant de croire à des intentions malveillantes, le mal moral avait fait, chez lui, peu de progrès; mais, depuis l'affaire de l'averse, du bougeoir et de la pendule avancée, Birotteau ne pouvait plus douter qu'il ne vécût sous le sceptre d'une haine dont l'œil était toujours ouvert sur lui. Alors il arriva rapidement au désespoir, en apercevant, à toute heure, les doigts crochus et effilés de mademoiselle Gamard prêts à s'enfoncer dans son cœur.

Heureuse de vivre par un sentiment aussi fertile en émotions que l'est celui de la vengeance, la vieille fille se plaisait à planer sur le vicaire, comme un oiseau de proie pèse sur un mulot avant de le dévorer. Ayant conçu depuis long-temps un plan que le prêtre abasourdi ne pouvait pas deviner, elle ne tarda pas à le dérouler, en montrant le génie que savent déployer, dans les petites choses, les personnes solitaires dont l'âme, inhabile à sentir les grandeurs de la piété vraie, s'est jetée dans les minuties de la dévotion.

Dernière, mais affreuse aggravation de peine!.. La nature de ses chagrins interdisait à Birotteau, homme d'expansion, aimant à être plaint et consolé, la petite douceur de les raconter à ses amis, car le peu de tact qu'il devait à sa timidité lui faisait redouter de paraître ridicule en s'occupant de pareilles niaiseries; et cependant ces niaiseries étaient toute son existence, sa chère existence qui mettait des occupations dans le vide, et du vide dans les occupations, vie terne et grise où tous les sentimens trop forts devaient être des malheurs, où l'absence de toute émotion était une félicité. Le paradis du pauvre prêtre s'était changé en enfer.

Enfin, ses souffrances étant devenues intolérables, la terreur que lui causait la perspective d'une explication avec mademoiselle Gamard s'étant accrue de jour en jour, et le malheur secret dont les heures de sa vieillesse étaient flétries, ayant altéré sa santé, le bon prêtre résolut de faire une tentative auprès de l'abbé Troubert, pour le prier d'intervenir officieusement entre mademoiselle Gamard et lui.

En se trouvant en présence de l'imposant chanoine, qui, pour le recevoir dans une chambre nue, quitta promptement un cabinet plein de papiers où il travaillait sans cesse, et où il ne laissait pénétrer personne, le vicaire eut presque honte de parler des taquineries de mademoiselle Gamard à un homme qui lui paraissait aussi sérieusement occupé; mais après avoir subi toutes les angoisses de ces délibérations intérieures que les gens humbles, indécis ou faibles éprouvent même pour des choses moins importantes, il se décida, non sans avoir le cœur grossi par des pulsations extraordinaires, à expliquer sa position à l'abbé Troubert.

Celui-ci l'écouta d'un air froid et grave, essayant, mais en vain, de réprimer certains sourires qui, peut-être, eussent révélé les émotions d'un contentement intime à des yeux intelligens. Une flamme même parut s'échapper de ses paupières, lorsque Birotteau lui peignit, avec l'éloquence que donnent les sentimens vrais, toute l'amertume dont il était abreuvé; mais Troubert mit la main au-dessus de ses yeux par un geste assez familier aux penseurs, et garda l'attitude de dignité qui lui était habituelle.

Quand le vicaire eut cessé de parler, il aurait été bien embarrassé s'il avait voulu chercher sur la figure de Troubert, alors marbrée par de taches plus jaunes encore que ne l'était ordinairement son teint bilieux, quelques traces des sentimens qu'il avait dû exciter chez ce prêtre mystérieux.

L'abbé Troubert resta pendant un moment silencieux; puis il fit une de ces réponses dont il fallait étudier long-temps toutes les paroles avant d'en bien comprendre la portée; mais qui, plus tard, prouvaient aux gens réfléchis l'étonnante profondeur de son âme et la puissance de son esprit. Enfin, il accabla Birotteau en lui disant :

« Que ces choses l'étonnaient d'autant plus,

qu'il ne s'en serait jamais aperçu sans la confession de son frère ; mais il attribua son défaut d'intelligence à ses occupations sérieuses, à ses travaux, et à la tyrannie de certaines pensées élevées qui ne lui permettaient pas de regarder aux détails de la vie. »

Il lui fit observer, mais sans avoir l'air de vouloir censurer la conduite d'un homme dont il respectait l'âge et les connaissances, que « jadis les solitaires songeaient peu à leur nourriture, à leur abri, au fond des Thébaïdes, où ils se livraient à de saintes contemplations, et que, de nos jours, le prêtre pouvait se faire partout une Thébaïde, par la pensée.

Puis, revenant à Birotteau, il ajouta : « que ces discussions étaient toutes nouvelles pour lui; car, pendant douze années, rien de semblable n'avait eu lieu entre mademoiselle Gamard et le vénérable abbé Chapeloud.

« Quant à lui, sans doute, il pouvait bien devenir l'arbitre entre le vicaire et leur hôtesse, parce que son amitié pour elle ne dépassait pas les bornes imposées par les lois de l'Église à ses fidèles serviteurs ; mais alors, la justice exigeait qu'il entendît aussi mademoiselle Gamard. »

« Que, du reste, il ne trouvait rien de changé en elle; qu'il l'avait toujours vue ainsi; qu'il s'était volontiers soumis à quelques uns de ses caprices, sachant que cette respectable demoiselle était la bonté, la douceur même; qu'il fallait attribuer les légers changemens de son humeur aux souffrances causées par une pulmonie dont elle ne parlait pas, et à laquelle elle se résignait en vraie chrétienne. »

Il finit en disant au vicaire, « que pour peu qu'il restât encore quelque années auprès d'elle, il saurait mieux l'apprécier, et reconnaître les trésors de son excellent caractère. »

L'abbé Birotteau sortit confondu.

Alors, dans la nécessité fatale où il se trouvait de ne prendre conseil que de lui-même, il jugea mademoiselle Gamard d'après lui, et le bonhomme crut, en s'absentant pendant quelques jours, éteindre, faute d'aliment, la haine qu'elle lui portait. Donc, il résolut d'aller, comme jadis, passer plusieurs jours à une campagne où madame de Listomère se rendait à la fin de l'automne, époque à laquelle le ciel est ordinairement pur et doux en Touraine.

Située sur la levée qui se trouve entre la ville de Tours et les hauteurs de Saint-Georges, cette maison exposée au midi, entourée de rochers, offrait les agrémens de la campagne, et tous les plaisirs de la ville; car il ne fallait pas plus de dix minutes pour venir du pont de Tours à la porte de cette maison nommée *l'Alouette;* avantage précieux dans un pays où personne ne veut se déranger, même pour aller chercher un plaisir.

L'abbé Birotteau était à l'Alouette depuis environ dix jours, lorsqu'un matin, au moment du déjeûner, le concierge vint lui dire que M. Caron désirait lui parler.

M. Caron était l'avocat chargé des affaires de

mademoiselle Gamard; mais Birotteau ne s'en souvenant pas et ne se connaissant aucun point litigieux à démêler avec qui que ce fût au monde, quitta la table en proie à une sorte d'anxiété pour chercher l'avocat, qu'il trouva modestement assis sur une terrasse.

— L'intention où vous êtes, de ne plus loger chez mademoiselle Gamard étant devenue évidente, dit l'homme d'affaires...

— Eh monsieur ! s'écria l'abbé Birotteau, je n'ai jamais pensé à la quitter...

— Cependant, monsieur, reprit l'avocat, il faut bien que vous vous soyez expliqué à cet égard avec mademoiselle, puisqu'elle m'envoie, à cette fin de savoir si vous restez longtemps à la campagne. Le cas d'une longue absence n'ayant pas été prévu dans vos conventions, peut donner matière à contestation; or, mademoiselle Gamard entendant que votre pension...

— Monsieur, dit Birotteau surpris en interrompant l'avocat, je ne croyais pas qu'il fût nécessaire d'employer des voies presque judiciaires pour..

— Mademoiselle Gamard, veut prévenir toute difficulté, dit M. Caron, et je suis venu m'entendre avec vous...

— Eh bien! si vous voulez avoir la complaisance de revenir demain, reprit encore l'abbé Birotteau, j'aurai consulté de mon côté...

— Soit, dit M. Caron en saluant.

Et il se retira.

Le pauvre vicaire, épouvanté de la persistance avec laquelle mademoiselle Gamard le poursuivait, rentra dans la salle à manger de madame de Listomère avec une figure toute bouleversée; et, à son aspect, chacun de lui demander:

— Que vous arrive t-il donc, monsieur Birotteau?...

L'abbé, désolé, s'assit sans répondre, tant il était absorbé par l'image de son malheur. Mais, après le déjeûner, quand plusieurs de ses amis furent assis dans le salon devant un bon feu, Birotteau leur raconta naïvement les mille détails de ses aventures. Or, ses auditeurs, que le séjour à la campagne commençait à ennuyer, s'intéressèrent vivement à cette intrigue si bien en harmonie avec la vie de province; et ce fut à qui prendrait parti pour l'abbé contre la vieille fille.

— Comment! lui dit madame de Listomère, ne voyez-vous pas clairement que l'abbé Troubert veut votre logement?...

Ici, l'historien serait en droit de crayonner le portrait de cette dame; mais il a pensé que ceux même auxquels la *cognomologie* de Sterne est inconnue, ne pourraient pas prononcer ces trois mots : MADAME DE LISTOMÈRE!... sans se la peindre noble, digne, tempérant les rigueurs de la piété par la vieille élégance des dorures monarchiques et classiques, par des manières polies ; se permettant la *Nouvelle Héloïse*, la comédie, et se coiffant encore avec ses cheveux.

— Il ne faut pas que l'abbé Birotteau cède à

cette vieille tracassière!... s'écria M. de Listomère, lieutenant de vaisseau venu en congé chez sa tante. Si le vicaire a du cœur et veut suivre mes avis, il aura bientôt conquis sa tranquillité...

Enfin, chacun se mit à analyser les actions de mademoiselle Gamard, avec la perspicacité particulière aux gens de province, auxquels on ne peut refuser le talent de savoir mettre à nu les motifs les plus secrets.

— Vous n'y êtes pas!... dit un vieux propriétaire qui connaissait le pays. Il y a là-dessous quelque chose de grave que je ne saisis pas encore; M. l'abbé Troubert est trop profond pour être deviné promptement. Notre cher Birotteau n'est qu'au commencement de ses peines.... D'abord, sera-t-il heureux et tranquille, même en cédant son logement à Troubert?... j'en doute!

— Si Caron est venu vous dire, ajouta-t-il en se tournant vers le prêtre ébahi, que vous aviez l'intention de quitter mademoiselle Gamard, c'est parce que mademoiselle Gamard a l'intention de vous mettre hors de chez elle... et vous en sortirez...

Ce vieux propriétaire, nommé M. de Bourbonne, résumait toutes les idées de la province aussi complètement que Voltaire a résumé l'esprit de son époque. C'était un homme sec et maigre, professant en matière d'habillement toute l'indifférence d'un propriétaire dont la valeur territoriale est cotée dans son département. Sa physionomie, tannée par le soleil de la Touraine, était moins spirituelle que fine. Habitué à peser ses paroles, à combiner ses actions, il cachait sa profonde circonspection sous une simplicité trompeuse. Aussi fallait-il une légère observation pour s'apercevoir que, semblable à un paysan de Normandie, il avait toujours l'avantage dans toutes les affaires. Il était très supérieur en œnologie, la science favorite des Tourangeaux ; et, comme il avait su arrondir les prairies de sa terre aux dépens des laisses de la Loire en évitant tout procès avec le domaine de l'État, il passait pour un homme de talent. Si, charmé par la conversation de M. de Bourbonne, vous eussiez demandé ce qu'il était à quelque Tourangeau :

— Oh! *c'est un vieux malin!...*

Était la réponse proverbiale faite par tous

ses jaloux; car, en Touraine, la jalousie forme, comme dans la plupart des provinces, *le fonds de la langue.*

L'observation de M. de Bourbonne occasiona momentanément un silence pendant lequel chacun parut réfléchir.

Sur ces entrefaites, mademoiselle Salomon de Villenoix fut annoncée. Amenée par le désir d'être utile à Birotteau, elle arrivait de Tours, et les nouvelles qu'elle en apportait changèrent complètement la face des affaires; car, au moment de son arrivée, chacun, sauf le vieux propriétaire, conseillait à Birotteau de guerroyer contre Troubert et Gamard, sous les auspices de la société aristocratique qui devait le protéger.

— Le vicaire général, auquel le travail du personnel avait été remis, dit mademoiselle Salomon, est tombé dangereusement malade, et l'archevêque a commis à sa place M. l'abbé Troubert!... Maintenant, votre nomination de chanoine dépend donc entièrement de lui. Or, hier, chez mademoiselle de la Blottière, l'abbé Poirel a parlé des désagrémens que l'abbé Birotteau causait à mademoiselle Gamard, de manière à vouloir justifier la disgrâce dont notre bon abbé sera frappé. — « L'abbé Birotteau est un homme auquel l'abbé Chapeloud était bien nécessaire, disait-il, et depuis la mort de ce vertueux chanoine, il a été prouvé que... etc... » Alors, les suppositions, les calomnies se sont succédé.... vous comprenez!...

— Troubert sera vicaire-général!... dit solennellement M. de Bourbonne.

— Voyons!... s'écria madame de Listomère en regardant Birotteau. Que préférez-vous? être chanoine, ou rester chez mademoiselle Gamard?

— Être chanoine!... fut un cri général.

— Hé bien! reprit madame de Listomère, il faut donner gain de cause à l'abbé Troubert et à mademoiselle Gamard. Ne vous font-ils pas savoir indirectement, par la visite de Caron, que si vous consentez à les quitter, vous serez chanoine?... donnant-donnant...

Chacun se récria sur la finesse et la sagacité

de madame de Listomère, excepté le baron de Listomère son neveu, qui dit, d'un ton comique, à M. de Bourbonne :

— J'aurais voulu le combat entre *la Gamard* et *le Birotteau...*

Mais, pour le malheur du vicaire, les forces n'étaient pas égales entre les gens du monde et la vieille fille soutenue par l'abbé Troubert. Or, le moment arriva bientôt où la lutte devait se dessiner plus franchement, s'agrandir, et prendre des proportions énormes.

Sur l'avis de madame de Listomère, et de la plupart de ses adhérens, qui commençaient à se passionner pour cette intrigue jetée dans le vide de leur vie provinciale, un valet fut expédié à M. Caron. L'homme d'affaires revint avec une célérité remarquable, et dont M. de Bourbonne s'effraya seul.

— Ajournons toute décision jusqu'à un plus ample informé !... fut l'avis de ce Fabius en robe de chambre, auquel de profondes réflexions révélaient les hautes combinaisons de l'échiquier tourangeau.

Il voulut éclairer Birotteau sur les dangers de sa position ; mais comme la sagesse du *vieux malin* ne servait pas les passions du moment, il n'obtint qu'une légère attention.

La conférence entre l'avocat et Birotteau dura peu : le vicaire rentra tout effaré, disant :

— Il me demande un écrit qui constate mon *retrait...*

— Quel est ce mot effroyable?... dit le lieutenant de vaisseau.

— Qu'est-ce que cela veut dire?... s'écria madame de Listomère.

— Cela signifie simplement que l'abbé déclare vouloir quitter la maison de mademoiselle Gamard, répondit M. de Bourbonne en prenant une prise de tabac.

— N'est-ce que cela?... Signez!... dit madame de Listomère en regardant Birotteau ; car si vous êtes décidé sérieusement à sortir de chez elle, il n'y a aucun inconvénient à constater votre volonté.

La volonté de Birotteau !...

— Cela est juste!... dit M. de Bourbonne en fermant sa tabatière par un geste sec dont il est impossible de rendre le langage télégraphique.

Mais il est toujours dangereux d'écrire, ajouta-t-il en posant sa tabatière sur la cheminée, d'un air à effrayer le vicaire.

Birotteau se trouvait tellement hébété par le renversement de toutes ses idées, par la rapidité des évènemens qui le surprenaient sans défense, par la facilité avec laquelle ses amis traitaient les affaires les plus chères de sa vie solitaire, qu'il restait immobile, comme perdu dans la lune, ne pensant à rien, mais écoutant en cherchant à comprendre le sens des rapides paroles dont tout le monde était prodigue. Il prit l'écrit de M. Caron, et le lut, comme si le *libellé* de l'avocat allait être l'objet de son attention ; mais ce fut un mouvement machinal, et il signa cette pièce par laquelle il reconnaissait renoncer volontairement à demeurer chez mademoiselle Gamard, et à y être nourri suivant les conventions faites entre eux.

Quand le vicaire eut achevé d'y apposer sa signature, l'avocat reprit l'acte et lui demanda dans quel endroit sa cliente devait faire remettre les choses à lui appartenantes. Birotteau indiqua la maison de madame de Listomère, et, par un signe, cette dame consentit à recevoir l'abbé pour quelques jours, ne doutant pas qu'il ne fût bientôt nommé chanoine.

Le vieux propriétaire voulut voir cette espèce d'acte de renonciation. M. Caron le lui apporta.

— Hé bien!... dit-il après l'avoir lu, il existe donc entre vous et mademoiselle Gamard des conventions écrites? Où sont-elles? Quelles en sont les stipulations!...

— L'acte est chez moi... répondit Birotteau.

— En connaissez-vous la teneur?... demanda le propriétaire à l'avocat.

— Non, monsieur, dit M. Caron en tendant la main pour reprendre le papier fatal...

— Ah! se dit en lui-même le vieux propriétaire, toi, monsieur l'avocat, tu sais sans doute tout ce que cet acte contient; mais tu n'es pas payé pour nous le dire...

Et il lui rendit la renonciation.

— Où vais-je mettre tous mes meubles? s'écria Birotteau et mes livres, ma belle bibliothèque, mes deux beaux tableaux, mon salon rouge, enfin tout mon mobilier?...

Et le désespoir du pauvre homme, qui se trouvait déplanté pour ainsi dire, avait quelque chose de si naïf, il peignait si bien la pureté de ses mœurs, son ignorance des choses du monde, que madame de Listomère et mademoiselle Salomon lui dirent pour le consoler, en prenant le ton dont les mères promettent un jouet à leurs enfans :

— N'allez-vous pas vous inquiéter de ces niaiseries-là?... Mais nous vous trouverons toujours une maison moins froide, moins noire que celle de mademoiselle Gamard ; et si nous ne trouvons pas de logement qui vous plaise... eh bien, nous vous prendrons chez nous... Allons, faisons un trictrac... Demain vous irez voir M. l'abbé Troubert pour lui demander son appui, et vous verrez comme vous serez bien reçu...

Les gens faibles se rassurent aussi facilement qu'ils se désolent. Donc, le pauvre Birotteau, ébloui par la perspective de demeurer chez madame de Listomère, oublia la ruine, consommée sans retour, du bonheur qu'il avait si long-temps désiré, dont il avait si délicieusement joui. Mais, le soir, avant de s'endormir, il se tortura l'esprit, avec la douleur d'un homme pour qui le tracas d'un déménagement et de nouvelles habitudes étaient la fin du monde, à chercher où il pourrait retrouver pour sa bibliothèque un emplacement aussi commode que l'était sa galerie. En voyant ses livres errans, ses meubles disloqués et tout en désordre, il se demandait mille fois pourquoi la première année passée chez mademoiselle Gamard ayant été si douce, la seconde était si cruelle. Et toujours son aventure était un puits sans fond où se perdait sa raison. Le canonicat ne lui semblait plus une compensation suffisante à tant de malheurs, et il comparait sa vie à un bas dont une seule maille échappée faisait déchirer toute la trame. Cependant mademoiselle Salomon lui restait. Mais trahi par toutes ses vieilles illusions, le pauvre prêtre n'osait plus croire à une jeune amitié.

Dans la *citta dolente* des vieilles filles, il s'en rencontre beaucoup, surtout en France, dont la vie est un sacrifice noblement offert tous les jours à de nobles sentimens. Les unes restent fièrement fidèles à un cœur que la mort leur a trop promptement ravi ; et, martyres de l'amour, trouvent le secret d'être femmes par l'âme. Les autres, obéissant à un orgueil de famille, qui, chaque jour, déchoit à notre honte, se dévouent à la fortune d'un frère, ou à des neveux orphelins ; celles-là se font mères en restant vierges. Mais en consacrant les sentimens de la femme au culte du malheur, ces vieilles filles atteignent à tout l'héroïsme de leur sexe, et en idéalisent, pour ainsi dire, la destination, en renonçant aux récompenses et n'en acceptant que les peines. Elles vivent alors entourées de la splendeur de leur dévouement, et les hommes inclinent respectueusement la tête devant leurs traits flétris. Mademoiselle de Sombreuil n'a été ni femme, ni fille ; elle fut et sera la poésie vivante.

Or, mademoiselle Salomon appartenait à ces créatures héroïques, et son dévouement était religieusement sublime, en ce qu'il devait être sans gloire, après avoir été une souffrance de tous les jours. Belle, jeune, elle fut aimée, elle aima. Le jeune homme dont elle devait être la femme perdit la raison. Pendant vingt années, elle s'était, avec le courage de l'amour, consacrée au bonheur mécanique de ce malheureux, dont elle avait assez épousé la folie pour ne plus y croire.

C'était, du reste, une personne simple de manières, franche de langage, et dont le visage pâle ne manquait pas de physionomie, malgré l'irrégularité de ses traits. Elle ne parlait jamais des évènemens de sa vie ; mais, parfois, les tressaillemens soudains qui lui échappaient en entendant le récit d'une aventure ou affreuse ou triste, révélaient en elle les belles qualités que développent les grandes douleurs. Elle était venue habiter Tours, après avoir perdu son compagnon; et, ne pouvant y être appréciée à sa juste valeur, elle passait pour une *bonne personne*. Elle faisait beaucoup de bien; et, s'attachant, par goût, aux êtres faibles, le pauvre vicaire lui avait inspiré naturellement un profond intérêt.

Mademoiselle de Villenoix allant à la ville dès le matin, y emmena Birotteau, le mit sur le quai de la cathédrale, et le laissa s'acheminer vers le cloître, où il avait grand désir d'arriver, afin de sauver au moins le canonicat dans ce grand naufrage, et veiller à l'enlèvement de son mobilier.

Il ne sonna pas, sans éprouver de violentes palpitations de cœur, à la porte de cette maison où il avait l'habitude de venir depuis quatorze ans; qu'il avait habitée, et dont il allait s'exiler à jamais, après avoir rêvé d'y mourir en paix, à l'imitation de son ami Chapeloud. Marianne parut surprise de le voir. Le vicaire lui ayant dit qu'il venait parler à l'abbé Troubert, il se dirigea vers le rez-de-chaussée, où demeurait le chanoine; mais Marianne lui cria :

— M. Troubert n'est plus là... il est dans votre ancien logement...

Ces mots causèrent un affreux saisissement au pauvre vicaire. Puis, il comprit le caractère de Troubert, et la profondeur d'une vengeance si lentement calculée, en le trouvant établi dans la bibliothèque de Chapeloud, assis dans le beau fauteuil gothique de Chapeloud, couchant sans doute dans le lit de Chapeloud, jouissant des meubles de Chapeloud, logé au cœur de Chapeloud, annulant le testament de Chapeloud, et déshéritant enfin l'ami de ce Chapeloud, qui, pendant si long-temps, l'avait parqué chez mademoiselle Gamard, en lui interdisant tout avancement et lui fermant les salons de Tours.

Par quel coup de baguette magique cette métamorphose avait-elle eu lieu? Tout cela n'appartenait-il donc plus à Birotteau?... Certes, en voyant l'air sardonique dont Troubert contemplait cette bibliothèque, le vicaire jugea que le futur vicaire-général était sûr de posséder toujours la dépouille de ceux qu'il avait si cruellement haïs, Chapeloud comme un ennemi, et Birotteau, parce qu'en lui se retrouvait encore Chapeloud.

Mille idées stupéfiantes s'élevèrent, à cet aspect, dans le cœur du pauvre prêtre, et le plongèrent dans une sorte de songe. Il resta immobile et comme fasciné par l'œil de Troubert, qui le regardait fixement.

— Je ne pense pas, monsieur, dit enfin Birotteau, que vous vouliez me priver des choses qui m'appartiennent; et, si mademoiselle Gamard a pu être impatiente de vous mieux loger, elle doit se montrer cependant assez juste pour me laisser le temps de reconnaître mes livres et d'enlever mes meubles.

— Monsieur, dit froidement l'abbé Troubert en ne laissant paraître sur son visage aucune marque d'émotion, mademoiselle Gamard m'a instruit hier de votre départ, dont la cause m'est encore inconnue. Si elle m'a installé ici, ce fut par nécessité : M. l'abbé Poirel a pris mon appartement. J'ignore si les choses qui sont dans ce logement lui appartiennent ou non ; mais, si elles sont à vous, vous connaissez sa bonne foi : la sainteté de sa vie est une garantie de sa probité. Quant à moi, vous n'ignorez pas la simplicité de mon existence : j'ai couché pendant quinze années dans une chambre nue sans faire attention à l'humidité, qui m'a tué à la longue.... Cependant, si vous vouliez habiter de nouveau cet appartement, je vous le céderais volontiers...

A ces mots terribles, oubliant l'affaire du canonicat, Birotteau descendit avec la promptitude d'un jeune homme, pour chercher mademoiselle Gamard ; mais il la rencontra au bas de l'escalier sur le large palier dallé qui unissait les deux corps de logis.

— Mademoiselle, dit-il en la saluant, et sans faire attention ni au sourire aigrement moqueur qu'elle avait sur les lèvres, ni à la flamme extraordinaire qui donnait à ses yeux la clarté de ceux des tigres ; je ne m'explique pas comment vous n'avez pas attendu que j'aie enlevé mes meubles...

— Quoi? dit-elle; est-ce que tous vos effets

n'auraient pas été remis chez madame de Listomère...

— Mais, mon mobilier...?

— Vous n'avez donc pas lu votre acte?... dit la vieille fille d'un ton qu'il faudrait pouvoir écrire musicalement pour faire comprendre tout ce que la haine sut mettre de richesse dans l'accentuation de chaque mot.

Et mademoiselle Gamard parut grandir, et ses yeux brillèrent encore, et son visage s'épanouit, et toute sa personne frissonna de plaisir.

L'abbé Troubert ouvrit une fenêtre pour lire plus distinctement dans un volume in-folio.

Birotteau était foudroyé, car il pouvait entendre encore, pour son malheur, la voix claire de mademoiselle Gamard, disant :

— N'est-il pas convenu, au cas où vous sortiriez de chez moi, que votre mobilier m'appartiendrait, pour m'indemniser de la différence qui existait entre la quotité de votre pension, et celle du respectable abbé Chapeloup? Or, M. L'ABBÉ POIREL, AYANT ÉTÉ NOMMÉ CHANOINE....

En entendant ces derniers mots, Birotteau s'inclina faiblement, comme pour prendre congé de la vieille fille, sortit précipitamment, ayant peur, s'il restait plus long-temps, de tomber en défaillance, et de donner ainsi un trop grand triomphe à d'aussi implacables ennemis.

Marchant comme un homme ivre, il gagna la maison de madame de Listomère, où il trouva dans une salle basse, son linge, ses vêtemens et ses papiers contenus dans une boîte fermée, dont il gardait toujours la clef.

A l'aspect des débris de son mobilier, le malheureux prêtre s'assit, se cacha le visage dans ses mains pour dérober la vue de ses pleurs.

L'abbé Poirel était chanoine, et lui, Birotteau, restait sans asile, sans fortune et sans mobilier !...

Heureusement mademoiselle Salomon vint à passer en voiture, et le concierge de la maison ayant fait un signe au cocher, le pauvre vicaire fut recueilli demi-mort par sa fidèle amie. Il lui fut impossible de prononcer autre chose que des mots sans suite; et mademoiselle Salomon, effrayée du dérangement momentané de cette tête déjà si faible, l'emmena sur-le-champ à l'Alouette, attribuant cet instant de désespoir à la nomination de l'abbé Poirel; car elle ignorait les conventions du prêtre avec mademoiselle Gamard, par l'excellente raison qu'il en ignorait lui-même l'étendue. Et comme il est dans la nature que le comique se trouve mêlé parfois aux choses les plus pathétiques, les étranges réponses de Birotteau firent presque sourire mademoiselle Salomon.

— Chapeloud avait raison!... disait-il. C'est un monstre!

— Qui?... disait-elle.

— Chapeloud?...

— Il m'a tout pris...

— Poirel donc?...

— Non!... Troubert...

Enfin, ils arrivèrent à l'Alouette, où les amis du prêtre lui prodiguèrent des soins si empressés, que, vers le soir, ils le calmèrent, et purent en obtenir le récit de ce qui s'était passé.

Le flegmatique propriétaire demanda naturellement à lire l'acte qui, depuis la veille, lui paraissait contenir le mot de l'énigme, et il arriva à une clause ainsi conçue :

« *Comme il se trouve une différence de huit*
» *cents francs par an entre la pension que payait*
» *feu M. Chapeloud et celle pour laquelle ladite*
» *Sophie Gamard consent à prendre chez elle, aux*
» *conditions ci-dessus stipulées, ledit François*
» *Birotteau ; et attendu qu'il reconnaît être hors*
» *d'état de donner pendant plusieurs années le*
» *prix payé par les pensionnaires de la demoiselle*
» *Gamard, et notamment par l'abbé Troubert ;*
» *enfin, eu égard à diverses avances faites par la-*
» *dite soussignée, ledit Birotteau s'engage à lui*
» *laisser à titre d'indemnité le mobilier dont il*
» *se trouvera possesseur à son décès, ou lorsque,*
» *par telle cause que ce soit, il viendrait à quit-*
» *ter volontairement, et à telle époque que ce*

» *puisse être, les lieux à lui présentement loués,*
» *et à ne plus profiter des avantages stipulés*
» *dans les engagemens de mademoiselle Gamard*
» *envers lui, ci-dessus...*

— Tudieu !... quelle grosse !... s'écria le propriétaire. Et de quelles griffes est armée ladite Sophie Gamard !...

Le pauvre Birotteau n'imaginant dans sa cervelle d'enfant aucune cause qui pût le séparer un jour de mademoiselle Gamard, et comptant mourir chez elle, n'avait aucun souvenir de cette clause, dont il n'avait pas même discuté les termes, tant elle lui avait semblée juste, lorsque, dans son désir d'appartenir à la vieille fille, il aurait signé tous les parchemins qu'on lui eût présentés.

Une telle innocence était si respectable, et la conduite de mademoiselle Gamard si atroce; le sort de ce pauvre sexagénaire avait quelque chose de si déplorable, et sa faiblesse le rendait si touchant, que, dans un premier moment d'indignation, madame Listomère s'écria :

— Je suis cause de la signature de l'acte qui

vous a ruiné, c'est donc à moi qu'il appartient de vous rendre le bonheur dont je vous ai privé.

— Mais, dit le propriétaire, l'acte constitue un dol, et il y a matière à procès....

— Eh bien! M. Birotteau plaidera; et s'il perd à Tours, il gagnera à Orléans; et s'il perd à Orléans, il gagnera à Paris... s'écria le baron de Listomère.

— S'il veut plaider, reprit froidement le propriétaire, je lui conseille de se démettre d'abord de son vicariat.

— Nous consulterons des avocats, reprit madame de Listomère, nous plaiderons s'il faut plaider; mais comme cette affaire est assez honteuse pour mademoiselle Gamard, et peut nuire à l'abbé Troubert, nous obtiendrons sans doute quelque transaction.

Après mûre délibération, chacun promit son assistance à l'abbé Birotteau dans la lutte qui allait s'engager entre lui et tous les adhérens de ses antagonistes ; car un pressentiment, un instinct provincial indéfinissable forçait chacun à unir les deux noms de Gamard et Troubert. Mais aucun de ceux qui se trouvaient alors chez madame de Listomère, excepté le propriétaire, n'avait une idée bien exacte de l'importance d'un semblable combat. M. de Bourbonne, attirant dans un coin le pauvre abbé :

— Des quatorze personnes qui sont ici, lui dit-il à voix basse, il n'y en aura pas une pour vous dans quinze jours !... Alors, si vous avez besoin d'appeler quelqu'un à votre secours, vous ne trouverez peut-être que moi d'assez hardi pour oser prendre votre défense, parce que je connais la province, les hommes, les choses, et mieux que cela encore, les intérêts... Mais tous vos amis, quoique pleins de bonnes intentions, vous mettent dans un mauvais chemin d'où vous ne pourrez vous tirer... Écoutez mon conseil !... Si vous voulez vivre en paix, quittez le vicariat de Saint-Gatien, quittez Tours ; ne dites pas où vous irez, mais allez chercher quelque cure éloignée où Troubert ne puisse pas vous rencontrer.

—Abandonner Tours!... s'écria le vicaire avec un effroi indescriptible.

C'était pour lui une sorte de mort, car c'était briser toutes les racines par lesquelles il s'était planté dans le monde. Les célibataires remplacent les sentimens par des habitudes; or, lorsqu'à ce système moral, qui les fait moins vivre que traverser la vie, se joint un caractère faible, les choses extérieures prennent sur eux un empire étonnant. Aussi, Birotteau étant devenu semblable à quelque végétal, le transplanter, c'était en risquer l'innocente fructification. De même qu'un arbre doit, pour vivre, retrouver à toute heure les mêmes sucs, et toujours avoir ses chevelus dans le même terrain, Birotteau devait toujours trotter dans Saint-Gatien; toujours piétiner dans l'endroit du mail où il se promenait habituellement; sans cesse parcourir les rues par lesquelles il passait, et continuer d'aller dans les trois salons, où il jouait, pendant chaque soirée, au wisth et au trictrac.

— Ah! je n'y pensais pas!... répondit M. de Bourbonne en regardant le prêtre avec une espèce de pitié.

« .Tout le monde sut bientôt, dans la ville de Tours, que madame la baronne de Listomère, veuve d'un lieutenant général, recueillait M. l'abbé Birotteau, vicaire de Saint-Gatien. Ce fait, que beaucoup de gens révoquaient en doute, trancha nettement toutes les questions, et dessina les partis, surtout lorsque mademoiselle Salomon osa, la première, parler de dol et de procès.

Avec la vanité subtile qui distingue les vieilles filles, et le fanatisme de personnalité qui les caractérise, mademoiselle Gamard se trouva fortement blessée du parti que prenait madame de Listomère. La baronne étant une femme du haut rang, élégante dans ses mœurs, et dont le bon goût, les manières polies, la piété ne pouvaient pas être contestés, donnait, en recevant Birotteau chez elle, le démenti le plus formel à toutes les assertions de mademoiselle Gamard, en censurait indirectement la conduite, et semblait sanctionner les plaintes du vicaire contre son ancienne hôtesse.

Or, il est nécessaire, pour l'intelligence de cette histoire, d'expliquer tout ce que le discernement et l'esprit d'analyse avec lequel les vieilles femmes se rendent compte des actions d'autrui, prêtaient de force à mademoiselle Gamard, et quelles étaient les ressources de son parti.

Accompagnée du silencieux abbé Troubert, elle allait passer ses soirées dans quatre ou cinq maisons où se réunissaient une douzaine de personnes, toutes liées entre elles par les même goûts, et par l'analogie de leurs situations.

C'étaient un ou deux vieillards qui épousaient les passions et les caquetages de leurs servantes; cinq ou six vieilles filles qui employaient toute leur journée à tamiser les pas, les démarches de leurs voisins et des gens placés au-dessus ou au-dessous d'elles dans la société; puis, enfin, plusieurs femmes âgées exclusivement occupées à distiller la médisance, à tenir un registre exact de toutes les fortunes, ou à contrôler les actions des autres, pronostiquant les mariages et blâmant la conduite de leurs amies comme de leurs ennemies.

Or, ces personnes logées toutes dans la ville, de manière à y figurer les vaisseaux capillaires d'une plante, aspiraient avec la soif d'une feuille pour la rosée, les nouvelles, les secrets de chaque ménage, les pompaient et transmettaient machinalement à M. l'abbé Troubert, comme les feuilles communiquent à la tige la fraîcheur qu'elles ont absorbée.

Donc, pendant chaque soirée de la semaine, excitées par ce besoin d'émotion qui se retrouve chez tous les individus, ces bonnes dévotes dressaient un bilan exact de la situation de la ville, avec une sagacité digne du conseil des Dix, et faisaient la police de Tours, armées de cette espèce d'espionnage à coup sûr que créent les passions. Puis, quand elles avaient deviné la raison secrète d'un évènement, leur amour-propre les portant à s'approprier la sagesse du sanhédrin, elles donnaient le ton du bavardage dans leurs sphères respectives. Cette congrégation oisive et agissante, invisible et voyant tout, muette et parlant sans cesse, possédait alors une influence que sa nullité rendait en apparence peu nuisible, mais qui cependant devenait terrible quand elle était animée par un intérêt majeur. Or, il y avait bien long-temps qu'il ne s'était présenté dans la sphère de leurs existences un évènement aussi grave et aussi généralement important pour chacune d'elles, que l'était la lutte de M. Birotteau, soutenue par madame de Listomère, contre M. l'abbé Troubert et mademoiselle Gamard.

En effet, comme les trois salons de mesdames de Listomère, Merlin de la Blottière et de Villenoix étaient, dans la hiérarchie sociale de Tours, situés au-dessus de ceux où allait mademoiselle Gamard, il y avait au fond de cette querelle l'esprit de corps et toutes ses vanités. C'était le combat du peuple et du sénat dans une taupinière ; ou, comme l'a dit Montesquieu en parlant de la république de Saint-Marin, dont les charges publiques ne duraient qu'un jour, tant la tyrannie y était facile à saisir, une tempête dans un verre d'eau ; mais une tempête qui développait néanmoins dans les âmes autant de passion qu'il en aurait fallu pour diriger les plus grands intérêts sociaux ; car c'est une erreur de croire que le temps et la vie soient rapides seulement aux cœurs en proie à de vastes projets, et qui, alors, se sentent vivre. Les heures de l'abbé Troubert coulaient aussi animées, s'enfuyaient chargées de pensées tout aussi soucieuses, étaient ridées par des désespoirs et des espérances aussi profondes que pouvaient l'être les heures cruelles de l'ambitieux, du joueur, ou de l'amant. Seulement (s'il est permis à l'historien de quitter le drame qu'il raconte pour prendre pendant un moment le rôle des critiques) en jetant un coup-d'œil sur les existences de ces vieilles filles et de ces abbés ; en cherchant la cause du malheur qui les viciait dans leur essence, il sera peut-être démontré qu'il est nécessaire à l'homme d'éprouver certaines passions pour développer en lui les qualités qui donnent à sa vie de la noblesse, qui en étendent le cercle, et assoupissent l'égoïsme naturel à toutes les créatures.

Madame de Listomère revint en ville sans savoir que, depuis cinq ou six jours, plusieurs de ses amis étaient obligés de réfuter une opinion, accréditée sur elle, dont elle aurait ri si elle l'eût connue, et qui supposait à son affection pour son neveu des causes presque criminelles. Elle mena l'abbé Birotteau chez son avocat, à qui le procès ne parut pas une chose facile. Les amis du vicaire, animés par le sentiment que donne la justice d'une bonne cause, ayant remis le commencement de l'instance au jour où ils reviendraient à Tours, avaient laissé prendre les devans aux amis de mademoiselle Gamard, lesquels expliquèrent l'affaire peu avantageusement pour l'abbé Birotteau.

Donc, l'homme de loi dont la clientèle se composait exclusivement des gens pieux de la ville, étonna beaucoup madame de Listomère, en conseillant de ne pas s'embarquer dans un semblable procès, ajoutant :

« Que, d'ailleurs, il ne s'en chargerait pas, parce que, aux termes de l'acte, mademoiselle Gamard avait raison en droit; et, qu'en équité, c'est-à-dire en dehors de la justice, M. l'abbé Birotteau paraîtrait, aux yeux du tribunal et à ceux des honnêtes gens, manquer au caractère de paix, de conciliation, et à la mansuétude qu'on lui avait supposés jusqu'alors.

» Que mademoiselle Gamard, connue pour

une personne douce et facile à vivre, avait obligé M. Birotteau, en lui prêtant l'argent nécessaire pour payer les droits successifs auquels avait donné lieu le testament de M. Chapeloud, sans lui en demander de reçu.

» Que M. Birotteau n'était pas d'âge et de caractère à signer un acte sans savoir ce qu'il contenait, et sans en connaître l'importance, et que s'il avait quitté mademoiselle Gamard après deux ans d'habitation, quand son ami M. Chapeloud était resté chez elle pendant douze ans, et M. Troubert pendant quinze, ce ne pouvait être qu'en vue d'un projet à lui connu, et que le procès serait jugé comme un acte d'ingratitude, etc. etc. »

L'avoué parla durant une heure. Puis, après avoir laissé Birotteau marcher en avant vers l'escalier, il prit madame de Listomère à part, et l'engagea, au nom de son repos, à ne pas se mêler de cette affaire.

Cependant le soir, le pauvre vicaire qui se tourmentait autant qu'un condamné à mort dans le cabanon de Bicêtre, quand il y attend le rejet de son pourvoi en cassation, ne put s'empêcher d'apprendre à ses amis le résultat de sa visite au moment où, avant l'heure de faire les parties, le cercle se formait devant la cheminée de madame de Listomère.

— Je ne connais pas, à Tours, un seul homme de chicane, à moins de prendre l'avoué des libéraux, qui veuille se charger de ce procès!... s'écria M. de Bourbonne.

— Hé bien! c'est une infamie!... dit le lieutenant de vaisseau. Moi, je conduirai l'abbé chez cet avoué....

— Allez-y lorsqu'il fera nuit!... dit M. de Bourbonne en l'interrompant.

— Et pourquoi?...

— Mais je viens d'apprendre que l'abbé Troubert est nommé vicaire-général, à la place de celui qui est mort avant-hier...

— Je me moque bien de l'abbé Troubert...

Malheureusement, le baron de Listomère,

homme de trente-six ans, ne vit pas le signe que lui fit M. de Bourbonne, pour lui recommander la prudence, en lui montrant un conseiller de préfecture, ami de Troubert; alors, le lieutenant de vaisseau ajouta :

— Si M. l'abbé Troubert est un fripon...

— Oh! dit M. de Bourbonne, pourquoi mettre l'abbé Troubert dans une affaire à laquelle il est complètement étranger...

— Mais, reprit le baron, ne jouit-il pas des meubles de l'abbé Birotteau? — Je me souviens d'avoir été chez M. Chapeloud, et d'y avoir vu deux tableaux de prix... Supposez qu'ils vaillent dix mille francs?... Croyez-vous que M. Birotteau ait eu l'intention de donner, pour deux ans d'habitation chez cette Gamard, dix mille francs, quand déjà la bibliothèque et les meubles valaient à peu près cette somme?

L'abbé Birotteau ouvrit de grands yeux en apprenant qu'il avait possédé un capital aussi énorme.

Et le baron, poursuivant avec chaleur, ajouta :

— Par Dieu! M. Salmon, l'ancien expert du Musée de Paris est venu voir ici sa belle-mère ; je vais y aller ce soir même avec M. Birotteau pour le prier d'estimer les tableaux ; et, de là, j'irai chez l'avoué...

Deux jours après cette conversation le procès avait pris de la consistance.

L'avoué des libéraux, devenu celui de Birotteau, jetait beaucoup de défaveur sur la cause du vicaire ; car tous les gens opposés au gouvernement, et ceux qui étaient connus pour ne pas aimer les prêtres ou la religion, deux choses que beaucoup de gens confondent, s'emparèrent de cette affaire, et toute la ville en parla.

L'ancien expert du Musée avait estimé onze mille francs la Vierge du Valentin et le Christ de Lebrun, morceaux d'une beauté capitale ; quant à la bibliothèque et aux meubles gothiques, le goût dominant qui s'accroissait de jour en jour à Paris pour ces sortes de choses, leur donnaient une valeur fictive de douze mille francs; mais enfin l'expert, vérification faite, évalua le mobilier entier à trente mille francs. Or, il était évident que M. Birotteau, n'ayant pas entendu donner à mademoiselle Gamard cette somme énorme, il y avait, judiciairement parlant, lieu à réformer leurs conventions; autrement, la vieille fille eût été coupable d'un dol volontaire.

L'avoué des libéraux entama donc l'affaire en lançant un exploit introductif d'instance à mademoiselle Gamard. Quoique très acerbe, cette pièce n'en était pas moins un chef-d'œuvre de logique judiciaire, fortifiée par tous les articles du Code, et la condamnait si évidemment, que trente ou quarante copies en furent faites, et coururent par toute la ville.

Quelques jours après le commencement des hostilités entre la vieille fille et Birotteau, M. le baron de Listomère, qui espérait être compris, en qualité de capitaine de frégate, dans la première promotion, annoncée depuis quelque temps au ministère de la marine, reçut une lettre par laquelle l'un de ses amis lui annonçait qu'il était question dans les bureaux de le mettre hors du cadre d'activité.

Étrangement surpris de cette nouvelle, il partit immédiatement pour Paris, et se présenta à la première soirée du ministre, qui parut fort étonné lui-même, et se prit à rire en apprenant les craintes dont M. de Listomère lui fit part.

Le lendemain, le baron alla consulter les bureaux, nonobstant la parole du ministre; et, par une indiscrétion que certains chefs commettent assez ordinairement pour leurs amis, un secrétaire lui montra un travail tout préparé, mais que la maladie d'un directeur avait empêché jusqu'alors d'être présenté au ministre; et ce travail confirmait la fatale nouvelle.

Aussitôt, M. de Listomère alla chez un de ses oncles, qui, en sa qualité de député, pouvait voir immédiatement le ministre à la chambre, et le pria de sonder les dispositions de Son Excellence, car il s'agissait pour lui de la perte de son avenir. Aussi attendit-il avec la plus vive anxiété, dans la voiture de son oncle, la fin de la séance.

Le député sortit bien avant la clôture, et dit à son neveu, pendant le chemin qu'il fit en se rendant à son hôtel :

— Comment, diable! vas-tu te mêler de faire la guerre aux prêtres? Le ministre a commencé par m'apprendre que tu t'étais mis à la tête des libéraux à Tours; que tu avais des opinions détestables; que tu ne suivais pas la ligne du gouvernement. Or, comme ses phrases étaient aussi entortillées que s'il parlait encore à la Chambre, je lui ai dit : — Ah çà! entendons-nous!... Alors, il a fini par m'avouer que tu étais mal avec la congrégation. Bref, en demandant quelques renseignemens à mes collègues, j'ai su que tu parlais fort légèrement d'un certain abbé Troubert, simple vicaire-général, mais le personnage le plus important du département, où il est l'homme de la congrégation. J'ai répondu de toi corps pour corps au ministre; mais si tu veux faire ton chemin, ne te crée aucune inimitié sacerdotale. Va vite à Tours, fais ta paix avec ce diable de vicaire-général ; car tu sauras que les vicaires-généraux sont des hommes avec lesquels il faut toujours vivre en paix. Morbleu! lorsque nous travaillons tous à rétablir la religion, il est stupide à un lieutenant de vaisseau qui veut être capitaine, de déconsidérer les prêtres... Si tu ne te raccommodes pas avec l'abbé Troubert, ne compte plus sur moi !... Je te renierai... Le ministre des affaires ecclésiastiques m'a parlé tout à l'heure de cet homme comme d'un futur évêque. Or, si Troubert prenait notre famille en haine, il pourrait m'empêcher d'être compris dans la prochaine fournée de pairs...

Le lendemain du jour où M. de Listomère revint chez sa tante, après le déjeûner, la baronne restée seule avec le vicaire, lui dit, non sans un visible embarras :

— Mon cher monsieur Birotteau, vous allez trouver mes demandes bien injustes et bien inconséquentes ; mais il faut, pour vous et pour nous, d'abord éteindre votre procès contre mademoiselle Gamard en vous désistant de vos prétentions, puis quitter ma maison...

A ces mots le pauvre Birotteau pâlit.

— Je suis, reprit-elle, la cause innocente de vos malheurs, et sais que sans mon neveu vous n'eussiez pas intenté le procès qui maintenant fait votre chagrin et le nôtre... Mais écoutez !...

Alors elle déroula succinctement devant le pauvre homme l'immense étendue de cette affaire et de ses suites. Puis, en lui dévoilant la vie de l'abbé Troubert, elle lui en fit concevoir la portée, la capacité, le pouvoir; elle lui démontra tout ce qu'avait de force la trame si habilement ourdie de sa vengeance; tout ce qu'il lui avait fallu dépenser de puissance morale pour rester en présence d'un ennemi pendant douze ans, et de haine pour persécuter encore Chapeloud dans son ami. Elle était femme, habile, spirituelle, adroite, elle devina tout, le passé, le présent, et même l'avenir, car elle conjura Birotteau de s'expatrier.

Puis, elle dit en terminant :

— Je sais tout ce qu'il y a de mal à vous abandonner; mais, mon cher abbé, les devoirs de famille passent avant ceux de l'amitié. Cédez, comme je le fais, à ces circonstances, je vous en prouverai toute ma reconnaissance. Je ne vous parle pas de vos intérêts, je m'en charge, et vous serez hors de toute inquiétude pour votre existence; car, par l'entremise de M. de Bourbonne, qui saura sauver les apparences, je ferai en sorte que rien ne vous manque; mais donnez-moi le droit de vous trahir... Et je resterai votre amie, tout en me conformant aux maximes du monde... Décidez...

Le pauvre abbé stupéfait s'écria:

— Chapeloud avait donc raison en disant que si Troubert pouvait venir le tirer par les pieds dans la tombe, il le ferait!... Il couche en effet dans le lit de Chapeloud!...

— Il ne s'agit pas de se lamenter, dit madame de Listomère, nous avons peu de temps à nous... voyons!...

Birotteau avait trop de bonté pour ne pas

obéir dans les grandes crises au dévouement irréfléchi du premier moment ; d'ailleurs, sa vie n'était plus qu'une agonie, et il dit en jetant à son amie un regard désespérant qui la navra de peine :

— Je me confie à vous... Je ne suis plus qu'un *bourrier* de la rue!...

Ce mot tourangeau n'a pas d'autre équivalent possible que le mot *brin dé paille*.

— Mais, madame, je ne voudrais pas laisser à l'abbé Troubert le portrait de Chapeloud, il a été fait pour moi... il m'appartient, obtenez qu'il me soit rendu... j'abandonnerai tout le reste.

— Hé bien! dit madame de Listomère, j'irai chez mademoiselle Gamard!...

Ces mots furent dits d'un ton qui révéla l'effort extraordinaire que faisait la baronne de Listomère.

— Et, ajouta-t-elle, je tâcherai de tout arranger... A peine osé-je l'espérer... Allez voir

M. de Bourbonne, et qu'il minute votre désistement en bonne forme ; apportez-le, et avec le secours de monseigneur l'archevêque... peut-être...

Birotteau sortit épouvanté.

Troubert avait pris à ses yeux les dimensions d'une pyramide d'Égypte ! Les mains de cet homme étaient à Paris, et ses coudes dans le cloître Saint-Gatien.

— Lui, se dit-il, empêcher M. le marquis de Listomère, député, de devenir pair de France !..

En présence de si grands intérêts, Birotteau se trouvait comme un ciron ; il se faisait justice.

Le renvoi de Birotteau fut une nouvelle d'autant plus étonnante que la cause en était impénétrable.

Madame de Listomère disait que son neveu devant se marier et quitter le service, elle avait besoin, pour agrandir son appartement, de celui du vicaire. — Ceci était d'une profondeur digne de Troubert; car personne ne connaissait encore le désistement de Birotteau le jour où il abandonna la maison de madame de Listomère.

Mais un évènement bien grave étant survenu, rendit encore plus difficile la réussite des desseins médités par cette dame pour apaiser le parti Gamard et Troubert.

La veille, mademoiselle Gamard ayant pris du froid, s'était mise au lit, et toute la ville retentissait des plaintes excitées par une feinte commisération.

« La sensibilité de mademoiselle Gamard
» n'avait pas pu résister au scandale de ce pro-
» cès; et malgré son bon droit, elle allait mou-
» rir de chagrin. — Birotteau la tuait... »

Telle était la substance des phrases, jetées en avant par les tuyaux capillaires du grand conciliabule femelle, et que répétait la ville de Tours.

Madame de Listomère eut la honte d'être venue chez la vieille fille sans recueillir le fruit de sa visite ; mais elle demanda fort poliment à parler à M. le vicaire-général.

Flatté peut-être de voir dans la bibliothèque de Chapeloud, et au coin de cette cheminée ornée des deux fameux tableaux, une femme qui l'avait méconnu, Troubert fit attendre la baronne un moment, puis consentit à la recevoir.

Jamais courtisan ni diplomate ne mit dans la discussion de ses intérêts, ou dans la conduite d'une affaire, plus d'habileté, de dissimulation, de profondeur, que n'en déployèrent la baronne et l'abbé, dans le moment où ils se trouvèrent tous les deux en scène.

Madame de Listomère commença par lui témoigner le chagrin que lui avait causé le procès de Birotteau.

— Le mal est fait, madame, dit l'abbé d'une voix grave, la vertueuse mademoiselle Gamard se meurt...

— En apprenant sa maladie, monsieur, j'ai

exigé de M. Birotteau son désistement, et je le lui apportais...

— Les affaires temporelles de mademoiselle Gamard ne me concernent pas... dit le prêtre en abaissant ses larges paupières sur ses yeux d'aigle, pour voiler ses émotions.

Puis, changeant de ton :

— Monsieur votre neveu n'a-t-il pas été à Paris ?...

— Oui, monsieur, je vous remercie de l'intérêt que vous prenez à lui... Il y retourne ce soir.

Un moment de silence.

— Je ne trouve pas sa conduite convenable dans cette affaire, reprit-elle, mais il faut pardonner à un marin de ne pas se connaître en droit...

Un léger sourire de l'abbé se perdit dans les plis de son visage.

— Il nous aura rendu le service de nous apprendre la valeur de ces deux belles peintures, dit-il en regardant les tableaux. Elles seront un bel ornement pour la chapelle de la Vierge.

— Si vous les donniez à Saint-Gatien, je vous demanderais de me laisser offrir à l'église des cadres dignes du lieu et de l'œuvre.

— Ils ne m'appartiennent pas... dit le prêtre.

— Mais voici, dit madame de Listomère, un acte qui éteint toute discussion, et les rend à mademoiselle Gamard...

Elle posa le désistement sur la table.

— Il est digne de vous, monsieur, ajouta-t-elle, digne de votre beau caractère, de réconcilier deux chrétiens... Je prends maintenant peu d'intérêt à monsieur Birotteau.

— Mais il est votre pensionnaire, dit-il.

— Non, monsieur, il n'est plus chez moi.

L'abbé demeura impassible, mais son attitude calme était l'indice des émotions les plus violentes. M. de Bourbonne avait seul deviné le secret de cette paix apparente.

— Pourquoi vous a-t-il donc chargée de son désistement?...

— Je n'ai pu me défendre d'un mouvement de compassion, même en faveur d'une amitié perdue... Birotteau m'a suppliée de voir mademoiselle Gamard afin d'obtenir pour prix de sa renonciation à...

L'abbé fronça ses sourcils.

— à... ce qu'il a cru *des droits*... le portrait...

Le prêtre regarda madame de Listomère.

— Le portrait de M. Chapeloud... Je vous laisse le juge de sa prétention...

Madame de Listomère montra tant de talent à ce connaisseur émérite, que l'abbé descendit chez mademoiselle Gamard pour aller chercher sa réponse sur cette transaction ; mais il est probable que des raisons péremptoires le décidèrent, pendant le débat, à se faire de la famille de Listomère plutôt une alliée qu'une ennemie.

Il revint bientôt.

— Madame, voici les paroles de la pauvre mourante : « *M. l'abbé Chapeloud m'a témoigné* » *trop d'amitié*, m'a-t-elle dit, *pour que je me* » *sépare de son portrait.* » — Quant à moi, reprit-il, s'il m'appartenait, je ne le céderais à personne, car j'ai porté des sentimens trop constans au cher défunt pour ne pas me croire le droit de disputer son image à tout le monde.

Madame de Listomère retourna chez elle, espérant que l'archevêque achèverait l'ouvrage qu'elle avait si heureusement commencé; mais Birotteau ne devait pas même profiter de son désistement, car madame de Listomère apprit dans la soirée la mort de mademoiselle Gamard.

Son testament ayant été ouvert, personne

ne fut surpris en apprenant qu'elle avait fait M. l'abbé Troubert son légataire universel.

Sa fortune fut estimée à cent mille écus.

Le vicaire-général envoya deux billets d'invitation pour le service et le convoi de son amie chez madame de Listomère : l'un pour elle, l'autre pour son neveu.

— Il faut y aller !.... dit-elle.

— Ça ne veut pas dire autre chose !... s'écria M. de Bourbonne. C'est une épreuve par laquelle monseigneur Troubert veut vous juger.

— Baron, allez jusqu'au cimetière !... ajouta-t-il en se tournant vers le lieutenant de vaisseau qui, pour son malheur, n'avait pas quitté Tours.

Le service eut lieu, et fut d'une grande magnificence ecclésiastique. Une seule personne y pleura ; ce fut Birotteau, qui, seul dans une chapelle écartée, et sans être vu, se crut coupable de cette mort, et pria sincèrement pour l'âme de la défunte, en déplorant avec amertume de ne pas avoir obtenu d'elle le pardon de ses torts.

M. l'abbé Troubert accompagna le corps de son amie jusqu'à la fosse où elle devait être enterrée; et, arrivé sur le bord, il prononça un discours où, grâce à son talent, le tableau de la vie étroite menée par la testatrice prit des proportions monumentales.

Les assistans remarquèrent ces paroles dans la péroraison :

« Cette vie pleine de jours acquis à Dieu et à sa religion, cette vie décorée par tant de belles actions faites dans le silence, par tant de vertus ignorées, fut brisée par une douleur que nous appellerions imméritée, si, au bord de l'éternité, nous pouvions oublier que toutes nos afflictions nous sont envoyées par Dieu. Les nombreux amis de cette sainte fille, connaissant la noblesse et la haute délicatesse de son âme, prévoyaient qu'elle pouvait tout supporter, hormis les soupçons qui devaient flétrir sa vie entière. Aussi, peut-être la Providence l'a-t-elle emmenée au sein de Dieu, pour l'enlever à nos misères. Heureux ceux qui peuvent reposer en paix avec eux-mêmes, comme elle repose maintenant au séjour des bienheureux dans sa robe d'innocence ! »

— Quand il eut achevé ce pompeux discours, reprit M. de Bourbonne qui raconta les circonstances de l'enterrement à madame de Listomère, au moment où, les parties finies, ils furent seuls avec le baron; figurez-vous, si cela est possible, ce Louis XI en soutane, donnant ainsi le dernier coup de goupillon chargé d'eau bénite...

Et M. de Bourbonne prenant la pincette, imita si bien le geste de l'abbé Troubert, que le baron et sa tante ne purent s'empêcher de sourire.

— Là, reprit le vieux propriétaire, il s'est démenti. Jusqu'alors, sa contenance avait été parfaite; mais il lui a sans doute été impossible en calfeutrant pour toujours cette vieille fille qu'il méprisait souverainement et haïssait peut-être autant qu'il détesta Chapeloud, de ne pas laisser percer sa joie dans un geste.....

Le lendemain matin, mademoiselle Salomon vint déjeûner chez madame de Listomère, et, en arrivant, lui dit tout émue :

— Notre pauvre abbé Birotteau a reçu tout à l'heure un coup affreux, qui annonce les calculs les plus étudiés de la haine. Il est nommé curé à Saint-Symphorien!...

Saint-Symphorien est un faubourg de Tours, situé au-delà du pont; or ce pont a dix-sept cents pieds de long; et les deux places qui le terminent à chaque bout offrent une dimension égale.

— Comprenez-vous...? reprit-elle après une pause et tout étonnée de la froideur que marquait madame de Listomère en apprenant cette nouvelle. M. Birotteau sera là comme à cent lieues de Tours, de ses amis, de tout... C'est un exil d'autant plus affreux qu'il est arraché à une ville que ses yeux verront tous les jours. Lui qui, depuis ses malheurs, peut à peine marcher, serait obligé de faire une lieue pour nous voir... En ce moment, le malheureux est au lit, et il a la fièvre. Le presbytère de Saint-Symphorien est froid, humide, la paroisse n'est pas assez riche pour le réparer ; il va se trouver enterré dans un fond... Quelle atroce combinaison !...

Maintenant il nous suffira peut-être, pour achever cette histoire, de rapporter simplement quelques évènemens, et de peindre un dernier tableau.

Cinq mois après, M. le vicaire-général fut nommé évêque, et madame de Listomère était morte, laissant quinze cents francs de rente par testament à M. l'abbé Birotteau.

Le jour où le testament de la baronne fut connu, Monseigneur Hyacinthe, évêque de..., étant sur le point de quitter la ville de Tours pour aller résider dans son diocèse, donna par un acte authentique au chapitre la maison de mademoiselle Gamard; la bibliothèque et les livres de Chapeloud, au petit séminaire, en y joignant un capital de cent mille francs; puis dédia les deux tableaux contestés à la chapelle de la Vierge; mais il garda le portrait de Chapeloud.

Personne ne s'expliqua cet abandon presque total de la succession de mademoiselle Gamard, mais M. de Bourbonne supposa que l'évêque en conservait secrètement la partie liquide, afin d'être à même de tenir avec honneur son rang à Paris, s'il était porté au banc des évêques dans la chambre haute. Enfin, la veille du départ de monseigneur Troubert, le *vieux malin* finit par deviner le dernier calcul que cachait cette action, coup de grâce donné par la plus persistante de toutes les vengeances.

Le legs de madame de Listomère à Birotteau fut attaqué par M. le baron de Listomère sous prétexte de captation; mais le baron fut nommé capitaine !... Par une mesure disciplinaire, le curé de Saint-Symphorien était interdit.

Les supérieurs ecclésiastiques jugeaient donc le procès par avance.

Au moment où monseigneur Hyacinthe, évêque de..., passait en chaise de poste le long du quai Saint-Symphorien pour se rendre à Paris, le pauvre abbé Birotteau avait été mis dans un fauteuil, au soleil, au-dessus d'une terrasse. Il était pâle et maigre ; le chagrin, empreint dans tous ses traits, décomposait entièrement ce visage qui jadis était si doucement gai; la maladie jetait sur ses yeux, animés autrefois par les plaisirs de la bonne chère et naïvement dénués d'aucune autre idée, un voile qui simulait une pensée. Ce n'était plus que le squelette du Birotteau qui roulait, dix mois auparavant, si vide, mais si content, à travers le cloître. L'évêque lui lança un regard de mépris et de pitié; puis, consentant à l'oublier, il passa.

Nul doute que Troubert n'eût été en d'autres temps Philippe II, ou Richelieu. Mais le célibat a, pour les célibataires et pour la société, ce vice capital que, concentrant les qualités de l'homme sur une seule passion, l'égoïsme, elle les rend ou nuisibles ou inutiles. Or, nous vivons à une époque où le défaut des gouvernemens est d'avoir fait la société moins pour l'homme, que l'homme pour la société.

FIN DU TROISIÈME VOLUME.

TABLE

DES MATIERES CONTENUES DANS CE VOLUME.

Le Conseil. 1

La Bourse. 103

Le Devoir d'une femme. 173

Les Célibataires. 279

www.ingramcontent.com/pod-product-compliance
Lightning Source LLC
Chambersburg PA
CBHW050911230426
43666CB00010B/2114